GESCHENK DES UNIVERSUMS

Göttliche Impulse für die Welt

Josefin Duda

INNSALZ

Widmung

Normalerweise stehen auf dieser Seite Menschen, denen ich dieses Buch widmen möchte.

Dieses Buch widme ich ganz schlicht und einfach mir selbst.

Warum? Damit mein Perfektionismus zurücktritt und meinem Herzen die Bühne überlässt.

Als ich damals beschloss, es für mich zu schreiben, wusste ich noch nicht, welch ein Wunder mein Herz für mich bereithält.

Danke, liebes Universum, für alle Ereignisse, Menschen und Umstände, die mich dazu gebracht haben, dieses Buch zu schreiben. Danke an alle, die mich währenddessen begleitet haben und an alle, die es lesen und weitergeben.

Und... Danke für alle Momente und Gefühlszustände, die ich mir selbst durch dieses Buch geschenkt habe:

Verstandeskampf und Zweifelbremse
Herzberührung und Hingabe

Wenn Berührung durch Worte möglich ist,
dann ist Nähe nicht mehr an Raum und Zeit gebunden.

– Josefin Duda –

Inhalt

Vorwort

Hallo liebe Leserinnen und Leser!

Bevor der Vorhang nun endgültig fällt und die Show beginnt, möchte ich noch etwas anmerken.

Ich habe mich bewusst für das DU entschieden, weil ich möchte, dass diese Worte dich berühren und du dich angesprochen fühlst.
Auch wenn ich im Text einmal die weibliche und ein anderes Mal die männliche Anrede verwende, schließe ich immer alle Geschlechter mit ein. Egal wer du bist, wie du aussiehst, ob und welcher Religion du dich zugehörig fühlst, ich schreibe für DICH. Diese Zeilen sind für DICH.

Nur vorweg für dein Verständnis – das Wort „Gott" wird in diesem Buch immer wieder fallen. Jeder Mensch verbindet mit diesem Begriff etwas anderes. Damit du weißt, welche Bedeutung dieses Wort für mich hat und wie es in diesem Buch zu verstehen ist, hab ich dir hier nun meine Wahrheit zu diesem Begriff kurz beschrieben.

Als ich 13 Jahre alt war, lag ich eines Abends im Bett und plötzlich war es hell, golden und voller Liebe – in mir und im Raum. Für mich war das Gott. Seit diesem Erlebnis weiß ich, dass er in meiner Welt existiert.
Für mich ist er mittlerweile ein Begleiter, der auf Augenhöhe, mit mehr Humor als erwartet, einfach da ist und mich führt.
Das gibt mir Halt.

Wenn du mein „Gott"-Gefühl als die Quelle, das Universum oder das Leben bezeichnen willst, dann ist das genauso ok.

Und wenn du dein Bauchgefühl und deine Intuition als deine Wegweiser betrachtest, dann geht das für mich auch mit der Führung einher, die ich oben erwähnt habe.

Das Herzstück dieses Buches bilden Worte, die mir von Gott geflüstert wurden. Für mich bestätigen diese Worte meinen Glauben, dass er in meiner Welt existiert und er wird für mich begreifbarer und greifbarer.

Zum Prozess des Schreibens

Wenn jedes Wort eine Überraschung ist – Mein Übungsspielplatz für Hingabe und Vertrauen

Begonnen hat alles im Jahr 2015. Da habe ich die ersten Passagen dieses Buches verfasst, ohne zu wissen, wo mich die Reise hinführen wird. Damals begann ich mit einem Vorwort und Nachwort, ohne zu wissen, was den Kern des Buches bilden sollte. Die Absicht, das Thema Spiritualität einfließen zu lassen, war bereits da. – Welch' Wendung es jedoch nahm, hätte ich mir nicht zu träumen gewagt.

Über ein Jahr später lag ich wie gewöhnlich im Bett, als mich der Impuls erreichte, mir Stift und Zettel zu organisieren. Meine Intuition sagte mir, es sei Gott, der mir zuflüsterte. Also setzte ich mich mitten in der Nacht vollkommen planlos hin und begann aufzuschreiben, was er mir sagte. Ich sah es als Experiment. Mehr nicht.

Es war ein schräges Gefühl, voll ins Vertrauen zu gehen und einfach nur zu lauschen. Da waren einerseits die Worte, die mir geflüstert wurden und da war andererseits mein Verstand, der sich wehrte, von dem allem nichts hielt und nicht begriff, warum ich dasaß und schrieb.

Den Rest des ursprünglichen Textes sagte er mir in einem durch an. Es fühlte sich so an, als würden die Wörter aus mir heraussprudeln. Es brauchte sehr viel Hingabe und Vertrauen, um diesen Prozess zu durchlaufen. Außerdem war interessant, dass ich Wort für Wort bekam, nie einen ganzen Satz und doch ergab alles halbwegs Sinn.

Wenn ich normalerweise selbst Texte verfasse, dann beginne ich zu schreiben und korrigiere rückwirkend immer wieder eigene Formulierungen, lösche Sätze oder ergänze Wörter, die mir passender erscheinen. In diesem anderen Schreibprozess kam das nicht vor. Die handgeschriebenen Seiten, die gut archiviert sind, weisen sehr wenig bis keine Korrekturen auf.
Natürlich habe ich den Text, als er sich soweit fertig anfühlte, digitalisiert und dann auch noch einzelne Formulierungen verbessert, damit sich der Text flüssig lesen lässt. Aber im Groben habe ich einfach nur ausgespuckt, was Gott mir geflüstert hat und das auch so belassen. Das Einzige, was nachträglich von mir ergänzt wurde, waren die Kapitelüberschriften.

Du wirst merken, dass der Text aus einzelnen Parts besteht, gekennzeichnet durch eine Anrede und eine Verabschiedung. Genauso habe ich sie auch bekommen. Pro Nacht ein Part, manchmal auch mit ein, zwei Nächten Pause dazwischen. Er überforderte mich nie. Manchmal hörte er sogar weit vor meiner Müdigkeitsgrenze auf zu flüstern, sodass ich mich schon auf den nächsten Input freute.

Erst ein paar Parts und Nächte nach Beginn dieser Reise, erzählte ich es in meinem privaten Umfeld. Für mich auch ein Zeichen, dass ich keine Ahnung hatte, ob und wo das hinführen würde.

Sowohl das „Channeln" (Empfangen der geflüsterten Worte) als auch das Digitalisieren des Geschriebenen passierte größtenteils in der Nacht. Aus unterschiedlichen Gründen. Zum einen, weil ich aus gesundheitlichen

Gründen oft nicht einschlafen konnte, auch bedingt durch meine Ganzkörperschmerzen. Zum anderen, weil ich das Gefühl hatte, dass ich zu der Zeit am meisten Ruhe hatte, mich auf solche Sachen zu konzentrieren.
Als ich das Buch in den Computer tippte und somit zum zweiten Mal las, brach ich oft vor Rührung in Tränen aus. Es war und ist immer noch ein Riesengeschenk und eine Ehre für mich, diese wertvollen Impulse erhalten zu haben.

Und so freue ich mich, DIR nun diese Worte schenken zu dürfen.

Lieber Gott!

Die Bühne gehört dir!

Geschenk des Universums

Wozu das Buch?

Warum lass ich das überhaupt alles aufschreiben? Weil ich will, dass ihr endlich aufhört zu glauben, dass die ach so große Welt da draußen für den Stuss verantwortlich ist, den ihr fühlt und denkt und lebt. Wenn ihr glücklich damit seid: top - belasst es dabei. Aber schiebt es dann bitte nicht auf mich, wenn etwas nicht klappt. Ja, ich bin Gott und ja ich bin bei euch, aber das Ruder habt ihr in der Hand.

Es liegt in eurer Hand, ob ihr zum Herzen rudert oder weg vom Herzen.

Euer Verstand schaut nur, dass ihr nicht ins Wasser fällt, ist sozusagen eure Schwimmweste.
Vom alleinigen Lesen verändert sich zwar euer Denken und in weiterer Folge euer Handeln, wenn ihr jedoch schneller eure Richtung einschlagen wollt, könnt ihr auch aktive Handlungen setzen.
Ich bin kein Tipp-Geber und dieses Buch wird kein Lebensratgeber. Macht euch auf die Suche nach euch selbst. Euch gibt's nur einmal, ihr seid euch selbst am nächsten, niemand anderer kann den Weg für euch gehen und vor allem habt ihr euch bis zum Schluss.

Das Buch darf euch unterhalten, Mut machen und euch ein neues Bild von mir auf den Weg geben, damit ihr wisst, dass ich immer bei euch bin - ich bin ihr und ihr seid ich.

Die ersten Worte

Liebe Menschen!

Alles wird gut! Es ist nichts, wie es scheint. Eine Wandlung findet statt. Folgt eurem Herzen. Vertraut der Mutter Erde. Genießt den Moment! Das Ende wird das Schönste sein. Ihr seid begleitet, beschützt und erleuchtet.

Vertraut auf die Stimme in euch.
Sie leuchtet euch den Weg!

Es geht nicht um euch als Individuen, es geht um das Kollektiv, um das Wir. Es wird nicht einfach sein, den Weg dorthin zu gehen, aber das war nie der Plan des Göttlichen.
Es wird passieren, was passieren wird. Es wird ein Neuanfang sein, lasset uns feiern. Es wird mächtig. Heute ist der Tag der Geburt einer neuen Zeit. Was auch immer geschehen wird, es steht unter einem guten Stern.

Es geht nicht um Wissen,
sondern um innere Weisheit.

In jeder von euch steckt sie, schlummert sie und wartet auf Vollendung oder besser noch auf Erweiterung. Erweiterung der Weisheit, Liebe und Dankbarkeit. Lass uns heute beginnen, mit einem Plan, einer Strategie, liebe Josefin. Es ist an dir, das Feuer der Menschen zu entzünden, zu mehr Frieden und Liebe.
Nicht jeder wird freudestrahlend warten und hoffen, dass du kommst, aber es wird genug Menschen geben, die

die Begegnungen mit dir sehr genießen werden, weil sie wussten, es wird jemand kommen und berichten. Jemand, der gelernt hat, sein Ego und seinen Verstand zu hinterfragen, jemand, der gelernt hat, auf sein Ich zu hören. Lass uns heute beginnen, Josefin. Lass uns beginnen, eine neue Geschichte zu schreiben. Ich sag's dir an, du schreibst es. Heute ist die Zeit reif.

Hab' keine Angst vor Ablehnung, denke über die Grenzen der Zeit hinaus.
Ich weiß, du kannst es, lass dich treiben.
Vertrau' dir selbst, du weißt, was in dir steckt. Und vertraue mir, ich weiß, was es zu sagen gibt.

Geduld.

Was ist mit all den Menschen, die wir damit erreichen! Sie werden dankbar sein und ein Stück weit davon in ihr Leben integrieren.

Das Leben – wie es ist

Wir sind alle eins und dürfen voneinander lernen. Lass uns beginnen, Prozesse zu akzeptieren und stetig zu lernen. Es geht nicht darum, dass jemand da oben sitzt, der mit erhobenem Zeigefinger bestimmt, was passiert. Es geht um Aktion, die passiert. Das Leben fließt und das ist gut so. Alle sind Teil des Ganzen und tun ihr Bestes.
Das Leben ist wie ein großes Fest, doch es beschreibt nicht nur den Höhepunkt des Festes, sondern auch die Vorbereitung und Nachbereitung. Vor allem aber beschreibt es die Gefühle, die gelebt, unterdrückt und beschrieben werden.

Festgehalten kann nichts werden, einmal gelebt,
schon ist der Moment verpufft – doch was bleibt,
ist Erinnerung und Energie.

Energie, die im Raum des Universums ohne Grenzen Platz findet und bleibt bis in alle Ewigkeit.
Das Leben, das wir gerade jetzt leben, ist kurz. Es ist ein bisschen wie mit der Gegenwart. Die ist, so schnell sie begonnen hat, auch schon wieder vorbei. Doch wir können auch in die Vergangenheit und die Zukunft schauen und somit wissen wir, das Leben ist wie eine Aneinanderreihung von Momenten und dann ist es ewig. Weil, nach dem einen Moment folgt der andere, der von dem davor nichts ahnt. Der ist einfach vergnügt, der Moment. Manchmal ist er vom Menschen als der besondere Moment abgespeichert und manchmal ist er leise, unscheinbar, wirr, komisch oder wie auch immer. Gut, dass dieser Moment von dem davor und dem danach nichts weiß. 😀

Die unfassbare Vollkommenheit des göttlichen Plans

Da sind aber auch Momente, die aus Sicht der Menschen nicht so toll sind. Momente der Einsamkeit, Momente des Frusts, Momente, in denen sich der Mensch nicht auskennt, Momente, in denen sich der Mensch selbst austrickst, Momente, in denen der Mensch nicht versteht, warum diese Momente zum Kuckuck nochmal zum göttlichen Plan des Lebens gehören sollen. Eine menschliche Erklärung wird es dafür nicht geben – logisch, ist ja auch ein göttlicher Plan. ☺
Ein göttlicher Plan hat die Eigenschaft, dass er vollkommen ist. Vollkommenheit ist nun mal etwas, das der Mensch mit seinem Verstand nicht fassen kann/wird, aber auch niemals muss – Gott sei Dank! ☺ Nicht umsonst hat der Mensch ein Herz – ein Etwas, das viel mehr Energie senden und empfangen kann als der Verstand. Wenn dieses Organ erhört wird, weiß der Mensch plötzlich wieder, dass es den Plan gibt und dass er vertrauen darf. Schon mal eine Augenbinde aufgehabt und jemanden der euch geführt hat?
Na bitte, dann seid ihr Profis! – Nur zulassen ist wichtig und manchmal auch zuhören.

Es ist einfacher, euch vom Leben leiten zu lassen, als verkrampft dagegen zu steuern. Es ist freier, ehrlicher und liebevoller, im Vertrauen zu leben.

**Das Leben ist zu kurz, um zu kämpfen.
Wofür oder wogegen denn?**

Am Weg zu deiner Leidenschaft

Wir sind doch alle eins – streben alle nach Glück – obwohl wir es in uns tragen, lieben, leben und tanzen wir zu wenig. Bis jetzt. TRY to FIND your PASSION (übersetzt: Versuche deine Leidenschaft zu finden). Warum? – Weil das mitunter die Hand ist, die dich führt, die bei dir ist, die dir die Luft zum Atmen gibt, die Stimme zum Singen, den Vogel zum Verrücktsein.

Lass dich treiben. Der Wind bringt dich dorthin, wo du hin willst oder hin sollst.

Vertrauen und vor allem Geduld sind hier gefragt. Genieße den Weg dorthin und feiere den Moment, wenn du erkennst, wann oder wobei dein Herz zu hüpfen beginnt. Wenn dein inneres Kind jubelt, deine Augen blitzen, dein Mund lächelt – von innen heraus, weil du spürst, du existierst. – weil du spürst, dass es leicht gehen und Spaß machen darf.
Gib dir Zeit, das auszukosten, dich in der Leidenschaft zu suhlen und vergiss deinen Verstand, der begrenzt dich nur in deinem Denken und hindert dich am Handeln.
Du musst in diesem Zusammenhang nicht funktionieren, du darfst leben – bis zu den Wolken und noch weiter und bis zum Mittelpunkt von Mutter Erde und noch weiter – weil, auch nach innen hin gibt es keine Grenzen. *schmunzel* Lass' dich überraschen, du wirst sehen.
Hinhören ist auch ganz wichtig, denn manchmal gibt es versteckte Wegweiser, die auf dich warten. Diese warten aber nicht ewig. Im Moment sind sie da und im nächsten sind sie wieder weg, also spitz deine Ohren und schärfe deine

Augen – du wirst merken, wenn du geführt bist. Vertraue auf dieses Gefühl, das Universum steht auf deiner Seite.

Alles ist da, damit du vorankommst.

Die gute Nachricht ist, du entscheidest, wie schnell oder langsam es geht. Werte auch hier nicht, es gibt keinen Preis zu gewinnen. Am Ende der Strecke wirst du von der Erde gehen, also genieße es in vollen Zügen. Lerne, aber vor allem – lebe. Mach Fehler, denn gerade hier auf der Erde darfst du das, denn ich (Gott) warte nicht hier oben mit erhobenem Zeigefinger. Ich bin dein Begleiter. Du wirst womöglich raus sein aus diesem Spiel, schneller als du glaubst und dich dann fragen, warum du dich nicht getraut hast, mal etwas zu riskieren, etwas Neues auszuprobieren, etwas anderes zu sagen, als sonst.

Lass uns jetzt, wo du noch lebst, jetzt, wo du dich entwickeln darfst, das Beste rausholen für dich und alle anderen.

Lass uns beginnen, neue Wege zu gehen, neue Richtungen einzuschlagen. Friedvolle Richtungen, liebevolle Richtungen.

Menschen können sich gegenseitig so viel Gutes tun, wenn sie mit sich selbst im Reinen sind. Lass uns das potenzieren. Wir sind nur jetzt und einmal hier. Lass uns das Beste daraus machen.
Weil jeder, der das hier liest, hört oder sonst wie mitbekommt, weiß, was für eine Kraft, was für ein Potenzial in ihm schlummert. Lasst uns auf Schnitzeljagd gehen.

Auf Schnitzeljagd zu unseren Stärken, Fähigkeiten, Potenzialen und vor allem zu uns selbst, zu unserer Essenz. Denn auch wenn das jetzt noch nicht in dein Denkmuster passt, ich und du, das gibt es nicht. Mich gibt es wahrscheinlich auch nicht wirklich und doch bin ich irgendwie da, genauso wie du.

Ich bin Gott und du bist Gott.

Genauso wie wir wissen, dass alles aus Liebe besteht, das sagte schon Einstein. Jede Zelle auf der Erde ist viel mächtiger, als wir glauben, dass sie ist. Stell dir mal vor, was wir da noch alles Schönes schaffen, machen, erleben können.

Das Leben ist ein Spielplatz, also lasst uns beginnen Sandburgen zu bauen. – Nicht damit nachher was dasteht, was vielleicht einer Burg ähnelt, nein, damit wir bauen lernen und Spaß haben.

Dein Feld der Lebendigkeit & was der Verstand dazu sagt

Achtet auf die Kinder, wie fein die gesponnen sind. Gebt ihnen Raum und Platz zur Entfaltung. Das sind die neuen Menschen mit „Update"! Lasst uns lernen von diesen Kindern. Jeder Handgriff, den sie starten, ist neu für sie und wir können das miterleben und unsere Handgriffe hinterfragen und neu beleuchten. Es gibt kein Richtig oder Falsch, kein Schwarz oder Weiß. Es gibt nur ein Ja oder Nein zu neuen Dingen. Will ich lernen, bin ich offen und hab' ich Spaß oder verpasse ich einfach einen Moment, weil ich mich für ein Nein entschieden habe. Ein weiterer Moment, der einfach so verstreicht, weil mein Verstand die Regie übernommen hat, weil er Angst hatte, weil er gefangen war in seinem Denkmuster, seinem Raster der Gewohnheiten.

Auch das darf sein und wird nicht gewertet. Dein Leben, dein Verpassen. Man kann nicht überall dabei sein – das ist richtig und zu bedenken. Doch entscheidend ist, wie wichtig ist dieser Moment für dein Leben und was ist, wenn er verstreicht?

Es ist ein Spiel mit dem Verstand, ein Spiel mit den Möglichkeiten. Auch der Verstand braucht seinen Spielraum, seine Luft zum Atmen, der will doch nur verstehen, warum du plötzlich blind deinem Herzen folgst. Warum du in Kauf nimmst, dass vielleicht jemand über dich lachen könnte. Warum du in Kauf nimmst, Gefahr zu laufen, verletzt zu werden. Er ist der Beschützer deiner selbst, er ist die Leitplanke am Straßenrand.

Das ist gut so, wenn da ein Abgrund ist. Aber wie oft ist da einfach nur ein Feld? Du würdest dich nicht verletzen, wenn du von der Straße übers Feld läufst. Einfach mal, um zu schauen, wie es dort so ist. Wie es sich anfühlt, wenn du keine Mittellinie und Leitplanke links und rechts hast. Vielleicht warst du ja in einem anderen Leben mal ein Hase oder ein Regenwurm! 😃 Lass es mich wissen, wenn du dich am Feld vielleicht sogar wohler fühlst als auf der asphaltierten Straße, weil du zum ersten Mal den Boden unter dir spürst, den Dreck, der entsteht, wenn es regnet.

Die Erde lebt! Vergiss das nicht.

Vielleicht bist du genau in diesem Moment lebendiger als je zuvor. Vielleicht bist du genau in diesem Moment deiner Leidenschaft näher als sonst. Vielleicht wirst du wieder zur Straße zurückstapfen, weil es dort bequemer ist, weil dein Auto dort auf dich wartet, weil du es eilig hast, weil jemand vorbei kommen könnte und sich seinen Teil dazu denken könnte, weil Tiere auftauchen könnten, die du eklig findest oder die du noch nicht kennst, weil es gleich finster werden könnte, weil es gleich regnen könnte, weil das Essen zu Hause auf dich wartet, weil dich jemand angerufen hat und dich wieder in deine „Realität" geholt hat.
Was auch immer der Grund dafür war, im nächsten Moment bist du wieder die Alte und schüttelst den Kopf, wie verrückt du warst, dort aufs Feld zu gehen. Auch wenn du weißt, dass tief in dir drin deine Stimme dir sagt, dass dort auf dem Feld das Leben abgeht und nicht hier im Auto oder Haus – ein Kasten aus totem Material. Schon mal drüber nachgedacht?

Wann hast du das letzte Mal so richtig gelebt?

Wann warst du das letzte Mal so richtig frei?

Wann warst du das letzte Mal so richtig glücklich?

Das sind Momente, da bist du im Jetzt und da gehörst du auch hin. Nicht der Vergangenheit nachhängen. Nicht vor der Zukunft fürchten. Wir haben alle Möglichkeiten, wir können unsere Gedanken steuern. Leider ist es oftmals umgekehrt und die Menschen lassen sich von Gedanken beeinflussen, die nicht aus ihrem Inneren kommen, sondern vom Außen. Und dann wundern sie sich, warum sie nicht der sind, der sie sein möchten.

Manchmal ist es besser, alles raus zu räumen, zu putzen, dann zu sortieren und neu wieder einzuräumen, was wirklich brauchbar ist. Ganz wichtig ist, das meiste, das nicht gebraucht wird, loszulassen und Platz freizulassen, damit die Seele tanzen kann, damit die Seele schreiben kann, damit die Seele denken kann, was sie will.

Dann nämlich wird kreiert, was das Herz zum Hüpfen bringt. Spannend, nicht? Und das schreibt sich alles leicht, denkt ihr jetzt. Aber ich bin Gott und ich bin du und du bist ich, verstehst du? Ich bin in jeder einzelnen deiner Zelle, ich leide mit dir, wenn du leidest und lach mit dir, wenn du lachst, also lach lieber! Macht mir auch mehr Spaß.
Jaa, auch Gott darf Spaß haben.
Wo waren wir? *zurückblätter*

Warum auch die Dinge, die wir weghaben wollen, dazugehören

Ach ja, es schreibt sich alles leichter, als es ist... und ja ich bin ziemlich cool, nicht so verstaubt, wie ihr mich alle in Erinnerung habt bzw. aus Büchern kennt. Ich gehe mit der Zeit (obwohl es sie nicht gibt), denn ich gehe mit euch. Also zurück zum Text.
Leidenschaft finden schreibt sich leichter, als es ist. So so, das mag der Eine oder Andere von euch denken. Doch was ist schon leicht?

Das Leben ist ein Prozess, es wird immer ein Rauf und ein Runter geben, Hochs und Tiefs.

Doch selbst das Schreiben dieses Buches wird ein Prozess. Wir haben noch nicht einmal einen Titel, geschweige denn einen Verlag, das wird schon noch. Es ist ein Weg und man mag kurz erwähnen, Josefin sitzt hier nichts ahnend, welches Wort als nächstes ihren Kopf erreicht und vertraut mir und dem Leben. Hut ab! (So, das war jetzt fürs Ego von Jo, ist ja auch gleich meins, was es ja nicht gibt – altes Spiel, für mich immer noch witzig und für euch gut als Wiederholung, dass es auch der Verstand mal gehört hat.)

Also Schmerzen, Leid, Trauer, Angst – so etwas wird es immer geben. Warum? Weil Menschen hier sind, um Fehler zu machen, wir alle verbunden sind und jemand anderer daraus etwas lernen kann. Es ist ein Kreislauf, ein verstricktes Netz an Zusammenhängen, Verbindungen, Gedanken.
Das Coole daran ist, wir können jeden Moment mitwirken.

Wir spinnen das Netz jeden Tag, jeden Moment.

Wenn Menschen sich lieben

Jetzt ist mal genug übers Leben philosophiert worden. Weiter im Text. Es geht um ein weiteres Thema, das für euch nach so vielen tausenden von Jahren immer noch sehr spannend ist. Immer wieder aufs Neue, ohne dass euch da jemand dazu auffordert. – Die Partnerwahl, die Zeugung von Kindern durch die Vereinigung zweier Menschen und die daraus resultierende Verewigung auf der Erde. Oft spielen da auch Denkmuster mit, wie „allein bin ich nichts wert, zu zweit schon". Anerkennung spielt auch eine Rolle und die Gesellschaftsbilder. Also nur, wenn man in einer vermeintlich glücklichen Partnerschaft lebt, also Mann & Frau, dann passt das. Alles andere ist Abweichen von der Norm und führt, wie vom allgemeinen System erwünscht, zu Minderwertigkeitskomplexen.

Mal abgesehen von diesen bereits erwähnten Denkmustern, die eigentlich nur in die Irre führen, ist eine Partnerschaft das Aufeinandertreffen zweier Menschen durch die Kraft, Macht – wie auch immer – der Liebe.

Das ist durchaus wünschenswert für jeden Menschen auf der Erde, weil diese Liebe von Herzen kommt und dieses Herz nur die Wahrheit spricht. Dazu ist zu sagen, dass diese Liebe nur für diesen Moment und nur für das eine Herz und nicht für beide Herzen gelten kann.

Ob weiblich und männlich, weiblich und weiblich oder männlich und männlich, ist bezüglich der reinen Liebe deswegen egal, weil das Herz nicht gleichzeitig die Geschlechtsorgane ist. Das Herz ist der Boss und das haben die meisten schon herausgefunden, da geht der Verstand bald „adieu", weil er wieder mal nicht begreift, was der göttliche Plan vorhat.

Zwischen Herz und Verstand steht auch so ein bisschen das Loslassen von Kontrolle.

Ein Thema, das ebenfalls einige verkrampfen lässt. Da ist die Devise wieder, Vertrauen und Treiben lassen - altbekannt und bewährt.

Umgang mit Herausforderungen & deine Macht

Ich bin übrigens auch in allen Tieren und Pflanzen und Elementen zu finden. Ziemlich mächtig, was? Aber schon vergessen, du bist auch ich! Weißt du, was das heißt? Dass du ziemlich viel mehr Kraft hast, als du glaubst und dass das Finden deiner Leidenschaft nur der erste Schritt einer spannenden Reise sein wird, wenn du es denn wagst.

Die Angst wird dir sowieso im Nacken sitzen.

Die sitzt überall dort, wo du den Blick über den Tellerrand wagst. Ob du dann etwas tust oder nicht, die Angst vor dem Unbekannten ist trotzdem da.
Lass es uns von einer anderen Seite aufrollen - findest du deine Leidenschaft, ist es gut - findest du sie nicht, wirst du zum Schluss sehr traurig sein, weil du feststellen wirst, dass die Angst, die du dir so mächtig, grauslich, grässlich, furchteinflößend, unzerstörbar vorgestellt hast, in Wirklichkeit auch nur ein Posten deines Realitätsbildes ist und war. Ein fiktives Ding, das eigentlich nicht existiert - das eigentlich nur darauf wartet, dass du es durchbrichst, damit du dich danach besser fühlst - damit du dich danach in

deinem ICH bestärkt fühlst - damit du dann noch freudiger und bestärkter an die nächste scheinbar unbezwingbare Herausforderung herantreten kannst und sie wieder mit anderen Mitteln, aber dennoch mit viel Mut und Herz, lösen kannst.
Wenn du eine Herausforderung löst, löst du sie automatisch für alle anderen - zumindest können diese anderen von dir und deinen Lösungsmöglichkeiten lernen.
Ein schöner Gedanke, nicht wahr?
Also bleib dran und sei geduldig, weil manchmal wirst du glauben, dass alles schon vorbei ist und die Aufgabe gelöst und abgeschlossen ist und dann wird etwas passieren, das dich wieder zurückwirft und dein Verstand wird sich aufbäumen und deine Geduld wird auf die Probe gestellt. Es wird vielleicht der Moment kommen, wo du nicht weiter weißt - bitte hol dir dann Hilfe.

Stell Fragen und du wirst Antworten bekommen.

Also stelle deine Fragen mit Bedacht und lausche. Manchmal wird die Antwort auf sich warten lassen, manchmal kommt sie gar nicht und manchmal kommt sie in versteckter Form. Vertraue deinem Herzen und wisse, dass du niemals allein bist, denn Gott hat dir nur Engel geschickt.
Lerne Hilfe und Liebe anzunehmen, denn wir sind alle verbunden. Irgendjemand wird da sein und dich auffangen, wenn du danach fragst.

Du musst nicht immer stark sein, du kannst auch mal schwach sein.

Nur wisse eins, Opfer bist du nie. Denn allein du bist verantwortlich für dich und deinen Weg. Lass die Fragen vom Wind und der Liebe forttragen, lerne die Sprache deiner Umgebung und gehe sorgsam mit deinen Ressourcen um, denn es wird Durststrecken geben – Momente, in denen du aufgeben möchtest.
Dann such dir ein schattiges Plätzchen und mach eine Pause. Genieße die Landschaft und sei stolz auf die Strecke, die du schon gegangen bist, denn keiner wird denselben Weg je wieder gehen. Es ist DEIN WEG. Nur deiner. Feiere dich und sei stolz auf dich. Niemand rundum dich kann nachvollziehen, wie du dich wirklich fühlst, was du durchlebt hast und worauf du hinarbeitest bzw. wonach du strebst.

Alle können das nur erahnen und das ist auch gut so, denn jeder geht seinen Weg. Niemand kann einen Weg für jemand anderen gehen – selbst ich, Gott, kann das nicht. Ich bin dein Begleiter, ich bin die Hand, die dich führt, während die Augenbinde dir deine Sicht verwehrt, damit du auf dein Herz hörst. Doch gehen tust du. Immer.
Wird es leichter? Ansichtssache. Es ist, wie wenn du einen sehr hohen Berg erklimmst und die Luft nach oben hin immer dünner wird. Wenn du eine Etappe geschafft hast und eine Weile pausierst, weil deine Lunge sich an den geringeren Sauerstoffgehalt gewöhnen darf, wird es von Tag zu Tag leichter. Wenn du dich nun aber wieder aufmachst zur nächsten Etappe, wird es wieder eine Herausforderung. Würdest du zurückgehen oder im

Lager bleiben, wäre es leichter oder bliebe leicht, aber bis zum Gipfel kommst du so nicht.

In die Zukunft schauen kannst du für gewöhnlich nicht und das ist auch gut so, denn wenn wir immer wüssten, was auf uns zukommt, würden wir das nächste Abenteuer/den nächsten Schritt vielleicht gar nicht wagen, weil wir es uns nicht erträumen könnten, dass wir dem gewachsen sind.

Die Kostbarkeit des Augenblicks – Ein Rundumblick lohnt sich

Eine Sache vielleicht noch, hast du dich schon mal umgedreht auf deinem Weg? Bist du schon mal stehen geblieben und hast die Farben bewundert oder dem Vogelgezwitscher gelauscht?

Vergiss nicht, auch du gehst diesen Weg nur einmal.

Koste es aus und nimm alles mit, was für dich brauchbar ist. Der Rundumblick zeigt dir, was alles möglich ist und wo dein Horizont momentan ist. Er ermöglicht dir, deine Welt mit all ihren Facetten ganz zu spüren. Außerdem kannst du in dieser ruhigen Minute auch dich selbst spüren, weil dein Außen ja nur dein Innen spiegelt. So, und jetzt genug für heute! Bis bald!

In Liebe,
dein zeit- und raumloser Begleiter und Helfer

Vertrauen & Liebe für alles, was ist

Hallo!
Was gibt es Neues? Nicht leicht, Jo immer zu wecken, aber es ist kurz vor 12 und es geht in die zweite Runde.
Was auch immer passiert, es passiert aus einem guten Grund. Auch, wenn der Sinn ganz oft nicht ersichtlich ist - ihr wisst, der Plan.

Auch Josefin sitzt hier und weiß nicht, wie ihr geschieht. Aber das ist ok. Ihr Ego hält das schon aus. *zwinker* Das Wichtigste an dem Ganzen ist das Vertrauen - der Rest ergibt sich zu einem späteren Zeitpunkt von allein. Dann versteht man, dass alle Schritte zuvor, obwohl man sie blind getan hat, wichtig waren, um jetzt an diesen Punkt zu kommen. Dann leuchtet einem das Ganze ein. Es verhindert aber meist trotzdem nicht, dass man beim nächsten Mal wieder verdutzt ist. ☺
Also weiter im Text. Der Sinn der Sache wird erst später sichtbar, Vertrauen ist wichtig.

Kurz vor dem Gefühl des Vertrauens kommt meist ein Gefühl des Zweifelns und der Angst - wichtig ist, dies zu erkennen, zu akzeptieren und trotzdem ins Vertrauen zu gehen.

Das Tolle am Leben ist, es kommen immer nur die Dinge auf einen zu, die man fassen kann - die Dinge, die zu einem passen, die eine Erweiterung der eigenen Grenzen verursachen, aber diese nicht vollkommen sprengen - dann würde eh der Verstand die Notbremse ziehen - das kann er ja gut. *zwinker*

Oft geht es auch einfach mal ums Nichts-tun, ums Rumliegen, weil da der Kopf zum Zuhören kommt. Zuhören, was der Geist flüstert, der Körper spricht und die Seele singt. Zulassen, Raum schaffen, Begegnungen mit sich zulassen und genießen. Das macht glücklich.

Wir sind alle so viel mehr, als wir glauben.

Wir haben so viel mehr Reichweite, können so viel mehr an uns selbst glauben und uns selbst so viel mehr Vertrauen und Liebe schenken, als wir zu denken wagen. Lasst uns anfangen, unserer inneren Stimme Glauben zu schenken. Sie war jetzt lange Zeit unterdrückt. Sie will jetzt leben, sie hat so viele „Features“ zu bieten, so viele Aspekte, die noch unerforscht sind. Lasst uns auf diese innere Stimme berufen, lasst uns gemeinsam aufmerksamer werden. Es wird Zeit, dass wir uns gegenüber aufmerksamer werden, weil nur so Klarheit entstehen kann.
Der Fokus wird auch wieder wichtig, zu einem späteren Zeitpunkt, aber alles schön der Reihe nach – wenn es hier überhaupt eine Reihenfolge gibt.😃 Ich erkenne sie nicht. Ich weiß aber, es bin ja auch ich, Gott, der den göttlichen Plan schreibt.
Also, was haben wir gelernt → Vertrauen und ganz wichtig Liebe. Liebe für alles, was ist. Bedingungslos. Vorbehaltlos. Ehrlich. Denn alles, was ist, hat seine Berechtigung und alles, was ist, braucht Liebe, weil WIR Liebe brauchen und wir sind mit allem verbunden, was ist.
Wenn wir nun Liebe verschenken, geht sie bei Gott (hihi Wortspiel) nicht verloren, sondern wird potenziert. Spannend, nicht? Lasst mich das erklären. Es gibt Dinge

im Leben, die verlieren ihre Bedeutung, wenn man sie hergibt. Liebe verschenken ist anders. Liebe ist so eine starke Kraft, vor allem wenn sie bedingungslos ist. Sie befähigt den Empfänger, wenn er denn Liebe in der Form empfangen kann, sich zu freuen, zu strahlen, zu strotzen vor Liebe und dann ist er im Überfluss von Liebe und kann diese an den Nächsten weitergeben. Schön, nicht? Romantisch, nicht?

Wenn sich Menschen bewusst füreinander entscheiden und sich für einen längeren Zeitraum oder ihr ganzes Leben gegenseitig Liebe schenken, dann muss da doch irgendwann ein Mensch rauskommen, findet ihr nicht? 😀 Da entsteht eine Kraft und Schwups, kommt der Storch, der spürt das schon von weitem! 😀 Nein, sorry, Spaß! Ich hab' so eine große Glaubwürdigkeit, da weiß ich, dass ich nur die Wahrheit sprechen darf. Wobei selbst die Wahrheit, die reine Wahrheit, durch das Niederschreiben, durch die Vermenschlichung von Josefin, leicht verfälscht wird. Einfach, weil sie sie ist. Sorry, Jo ☺

Deine Wahrheit leben & alles was dazu gehört

Die Wahrheit ist etwas sehr Wichtiges, etwas das oft vernachlässigt wird. Es hat auch mit Ehrlichkeit zu tun. In diesem Zusammenhang denken Menschen immer gleich an Lügen und andere Boshaftigkeiten, aber eigentlich geht es um die eigene Wahrheit und das Ehrlichsein mit sich selbst. Das hört sich jetzt wieder einmal geschrieben super easy an, aber das kann manchmal schon ganz schön kniffelig werden, wenn der Kopf dich austrickst oder dein Umfeld eine andere Wahrheit lebt.

Wichtig ist, zu erkennen, dass überhaupt jedes Lebewesen seine eigene Wahrheit hat und dies gilt es zu akzeptieren.

Das kann ungeheuer entspannen, wenn man erkennt, dass man niemandem nachlaufen muss, dass man niemand anderer als man selbst sein muss.
Das kann aber auch ein Weilchen dauern, bis man da entspannter wird, weil „man selbst werden bzw. sein" oftmals etwas mit entrümpeln zu tun hat, mit abstauben, mit wegschmeißen und loslassen, mit hinterfragen, mit durchwühlen, wieder loslassen, mit Schmerz und Trauer spüren, mit Leere erkennen im eigenen Selbst, vielleicht sogar mit Einsamkeit oder Stille fühlen.
Dann gibt es da zum Einen noch die Angst vor der eigenen Macht, die Angst davor, stark zu werden, zu erkennen welche Kraft man hat und was man damit erreichen kann und zum Anderen den Respekt vorm Überschreiten des eigenen Komfortzonenrandes, um diese Macht dann nach außen zu tragen und auszuleben. Denn das Umfeld mit

der anderen Wahrheit ist meist noch da und die Gesellschaft auch. Wenn man anders ist, sticht man aus der Masse und wird nicht immer freudestrahlend empfangen.

Manchmal werden Mauern gebaut und Grenzen gezogen, deren Notwendigkeit man nicht versteht. So ticken viele Menschen bis jetzt großteils leider noch. Schlecht machen, Hass schüren, Lügen verbreiten. Es wird vielerorts vorgelebt und oft nicht reflektiert übernommen.

Verrückt, nicht wahr? Aber fragt mich bitte nicht, wie es bei ihnen innerlich aussieht. Diese Menschen haben auch noch einen Weg vor sich und glaubt mir, ihr, die ihr aufwacht, erkennt, verbessert, trotz Unsicherheit umsetzt, seid eurem Glück trotzdem um Meilen näher als jemand, der Mauern baut. Denn jeder, der das tut, baut sie aus Selbstschutz und darf diese an irgendeinem Punkt seines Lebens wieder abbauen und Mauern sind nicht gerade mit der ersten Windböe verblasen, wie wir wissen. Da braucht es mehr Kraft, Geduld und Ausdauer, um Mauern zu entschärfen, zu brechen, zu beseitigen, damit Licht und Liebe in die Seele und das Herz des Menschen kommt.

Also, wenn euch solche Menschen begegnen, denkt an mich und seid geduldig. Wisst, dass sie ihre Wahrheit leben und dass sie noch einen weiten Weg vor sich haben, bis sie dorthin gelangen, wo du vielleicht gerade schon etwas näher bist. Näher am Glück, näher an der Erfüllung.
Allein schon, dass du offen bist, dass dir dieses Buch in die Hände fiel, ist ein Zeichen. Ein Zeichen, dass du auf einem guten Weg bist. Auf einem Weg, deinem Weg, zu deinem Glück.

Denn dann ist das Leben lebenswert, dann ist das Leben spannend. Das Leben ist kurz – das wissen wir und trotzdem vergessen wir es gerne aus Angst vor dem Tod, aus Angst vor der Ewigkeit, weil wir es nicht fassen können mit unserem Verstand, unserem guten alten Freund und Begleiter.
Aber das macht ja bekanntlich nichts. Das Leben ist ein Prozess und der Verstand geht mit und lernt mit, er lernt auch, sich einzuschalten, wenn es wirklich notwendig ist und sich auch einmal zurückzulehnen. Das fällt ihm oftmals schwer, aber auch er kann über sich selbst schmunzeln und er weiß, was für dich Freiheit und Raum bedeutet – Selbsterkenntnis. Also führt er aus, worum du ihn bittest und gibt sein Bestes.

Genauso wie überhaupt alle Zellen in deinem Körper ein Meisterwerk an Komposition und Ausführung sind. Ein Zusammenspiel vieler Komponenten, vieler Abläufe, die so präzise ausgeführt werden, dass das Universum der Zelle – und in weiterer Folge des Körpers, der Familie, des Landes, des Erdballes und jetzt höre ich auf, wir wissen, es geht da dann in die Unendlichkeit – also dass das Universum der Zelle so läuft wie es eben läuft – und es läuft gut.
Luft nach oben gibt es immer, aber hey, wir haben es bis hier geschafft. Also bitte.

Schritt für Schritt und Tag für Tag.

Zauberformel für weniger Kontrolle & mehr Weichheit in Beziehungen

Kontrolle ist auch etwas, das mich sehr beschäftigt. Etwas, das Menschen hemmt, ihre Mitte zu finden und inneren Frieden zu erlangen. Kontrolle ist mangelndes Vertrauen ins Leben, in andere Menschen, in was auch immer. Kontrolle ist, wenn man versucht, mit dem eigenen Verstand im Leben anderer Menschen umzurühren. Wenn man ungefragt deren Mauern besteigt und Dinge tut, die nicht gefragt sind, die nicht Teil des Plans deren Lebens sind.

Kontrolle ist, Macht auszuüben, wo keine Macht gefragt ist, Grenzen zu überschreiten, die man nicht überschreiten sollte, weil es Respekt braucht, um einen Menschen zu verstehen, um einem Menschen nahe zu kommen, nicht Kontrolle.

Kontrolle erzeugt Druck und Druck erzeugt Gegendruck. Das sind physische Gesetze. Du wirst ihn spüren, auch wenn du den Gegendruck jetzt noch nicht erkennst, du wirst wissen was ich meine, wenn es soweit ist.

Also, Kontrolle abgeben heißt die Mauer des Anderen wahrnehmen, sie respektieren, annehmen und lieben lernen.

„Ich respektiere dich. Ich vertraue dir. Ich liebe dich bedingungslos." Diese Worte können Wunder wirken. Versuche es. Wenn du das nächste Mal einem Lebewesen über den Weg läufst, sag dir das vor und spüre

in dich hinein. Beim ersten Mal wird nichts passieren, beim dritten Mal auch noch nichts, aber eventuell beim zehnten Mal und dann wirst du wieder einmal wissen, dass es nur eine Frage der Zeit, der Übung ist, weil dein Kopf ja mitmachen darf, bis du alle Lebewesen um dich respektierst und sie bedingungslos liebst. Und erinnere dich, dein Außen ist nur der Spiegel deines Inneren.
Du wirst dich irgendwann selbst respektieren, dir vertrauen und dich bedingungslos lieben und dann wirst du dich fragen, wie ihr (du und die anderen) vorher überhaupt über die Runden gekommen seid. Wenn du das alles nicht machst, bist du genauso toll, denn ich werde dich bis in alle Ewigkeit respektieren, dir vertrauen und dich bedingungslos lieben, ob du willst oder nicht. *zwinker*

Schluss für heute, Josefin. Du brauchst deinen Schlaf.
Lass es dir gut gehen, wir hören uns. Bis bald!

In Liebe,
dein und euer Begleiter und Freund

Was will dein Herz?

Hey?
How are you doing? Ja, ich spreche auch Englisch. Ich spreche die Sprache, in der die Person gerade denkt, bei der ich bin. Also *räusper* *räusper* Josefin, bitte Deutsch denken. Übersetzen lassen können wir das hier immer noch.

Also los geht's, schnallt euch an.
Heute geht's um das Herz, ein tolles Organ, ein toller Ort, ein tolles Zentrum des Körpers, wo so viele tolle Sachen gespeichert sind, so viel Liebe, so viel Gefühl, so viel Weite. Ich liebe diesen Ort, er ist so im Hier und Jetzt, nur bei der Arbeit, immer im Takt. Mit Pausen und Anstrengung, ohne Erwartung an Anerkennung.

Hast du dich schon jemals
bei deinem Herzen bedankt?

Hast du schon jemals hingespürt? Hast du schon jemals auf dessen „Beat" gehört? Ein Wunder, dass es dich ohne Anspruch auf Liebe durchs Leben trägt. Vielleicht ist es die Quelle der Liebe? Vielleicht ist dort Liebe im Überfluss. Vielleicht, vielleicht, vielleicht.
Lasst uns beginnen hinzuhören... Was sagt uns das Herz?

Mehr Zeit für dich?

Mehr Zeit mit Freunden und Familie? Mehr Lachen?

Mehr an Traumverwirklichung arbeiten?

Mehr Selbstentwicklung? Mehr Selbstakzeptanz?

Mehr Liebe für dich und die Welt?

Mehr Luft zum Atmen? Mehr Raum zum Leben?

Mehr Menschen, die dich bestärken?

Mehr Anker für unschöne Momente? Mehr Musik?

Mehr Spaß?

Mehr Sex? Mehr Loslassen?

Mehr Dummheiten machen?

Mehr Trauen und Zutrauen? Mehr Leben?

Mehr Augenblicke genießen?

Mehr Loslassen? Mehr verdienen?

Mehr Tätigkeiten, die Freude bereiten?

Unglaublich, hm? Wonach der Kopf schreit und was das Herz braucht. Übrigens die Liste hegt keinen Anspruch auf Vollständigkeit...

Spannend, nicht? Und dann ist da die Frage, wenn wir glücklich sind, sind wir es, wenn wir auf unser Herz oder unseren Kopf hören?
Wenn wir materielle Dinge überbewerten, auf das negative Gelaber anderer Menschen hören, uns um unsere Zukunft sorgen oder der Vergangenheit nachtrauern... dann (und überhaupt immer) gibt es sie – die Chance auf eine glücklichere Zeit und Zukunft.
Wir dürfen der Musik lauschen, innehalten und überlegen, was unser Herz im Leben wirklich will. Auch hier geht es um die altbekannten Dinge:
Geduld, Liebe, Loslassen, Vertrauen und vor allem um Zeit.

Dein Kopf, der jahrelang die Hauptrolle gespielt hat, braucht vielleicht ein Weilchen, bis er zum Bauch/Herz ja sagt und nur ins Steuer greift, wenn das Boot zu kentern droht, weil das Herz zu übermütig war.
Aber eigentlich hat der Kopf gar keinen Grund, einzugreifen, denn wenn wir vollkommen im Einklang mit uns und unserem Herzen leben, brauchen wir nicht mehr Angst haben, kontrollieren und mit unserem Kopf eingreifen. Das Ende, unser Ende ist sowieso vorbestimmt, warum also Angst haben? Wovor und wofür? Besser einfach leben und den Moment genießen. Das sind sehr flüchtige Wesen, diese Momente – Wesen, die da und schon wieder weg sind. Wesen, die wertfrei, wie auf einer Perlenkette hängen und gelebt werden wollen. Genossen, gefeiert, geliebt.

Was bleibt? Was ist der Kern des Lebens?

Josefin braucht Zeit zum Nachdenken... So viel Neues für sie, darf sie erst mal verdauen. Sie liest das Buch ja auch zum ersten Mal. Wie paradox und verrückt, aber schön, nicht wahr, Jo?

Na gut, weiter im Text. Sie wird schon rot vor so viel Aufmerksamkeit. Also, wo geht's weiter? Ach ja, bei Herzbestimmung, Liebe leben, wie konnte ich vergessen? – Der Kern des Lebens – aber ist das wirklich der Kern? Gibt es etwas, das sich „der Kern" nennen darf? Gibt es etwas, das so mächtig ist, dass es den Mittelpunkt bilden darf? Ja, DU! Du bist der Mittelpunkt, der Kern deines Lebens. Spannend, nicht?

Es bin nicht mal ich! Du brauchst dich nie wieder mir verpflichtet fühlen, irgendetwas zu machen. Du darfst einfach nur deiner Stimme lauschen, da bin ich eh mitbeteiligt an der inneren Stimme. (Schon mal was von göttlichem Funken gehört?) Hehe, plötzlich ergibt alles Sinn, nicht wahr? Plötzlich wird es rund. Aber beachte, dass alles Runde in 2D eigentlich eine Kugel ist und eigentlich sogar 4D. Es gibt mehr Dimensionen als die, die du kennst. Spannend, nicht? So mussten die Menschen geguckt haben, als sie erkannt haben, dass die Erde eine Kugel ist. Das ist aber bei weitem noch nicht alles, was anders wird.

Wandel – Was will das Erdenherz?

Die Erde ist im Wandel. Wir Menschen kriegen das zu spüren, der eine mehr, der andere weniger. Wir gehen damit um, wie wir eben damit umgehen. Wichtig zu erkennen ist, dass dies ein unglaublich wichtiger Akt der Veränderung ist, für das Fortbestehen der Erde, nicht mal der Menschheit. Denn die Erde dreht sich auch weiter, wenn wir Wunderwutzis Menschen nicht mehr hier sind. Applaus bitte! Oder besser noch Ehrfurcht! Was sind wir der Erde allein dafür schuldig, dass sie uns anzieht?
Die Anziehung, das ist wie ein Riesenmagnet, der in ihr drinnen ist und ratet mal, was ganz in der Mitte pocht, der Kern ist ein Herz, das ständig Liebe sendet und da wir alle immer und überall nach bedingungsloser Liebe suchen, werden wir angezogen. Schönes Bild, gell? Allen Wissenschaftlern wird es die Haare aufstellen und allen Nicht-Esoterikern die Fragezeichen in die Augen schnalzen. Was auch immer ihr denkt, ist eure Wahrheit, also alles gut! Und reinschauen in die Erde, einmal in der Mitte auseinander schneiden geht eh nicht, Gott sei Dank! (Wortspiel, hihi.)
Wie auch immer, für mich ist da innen Liebe, von mir aus Lavaliebe, aber Liebe. Zuerst war die Frage, was sind wir Mutter Erde schuldig? Ich glaube wir sind ihr schuldig, dass wir auf die Umwelt achten, keinen Müll im Wald lassen, das Wasser sauber halten etc., aber das ist alles oberflächlich, das berührt ihren Kern nur bedingt.

Lass uns doch unsere Liebe ins Zentrum der Erde schicken, denn sie gibt uns so viel Liebe, Geborgenheit, Vertrauen und Energie.

Lasst uns hinhören, lauschen, was die Quelle allen Seins will, sagt, braucht:

Ruhe

Liebe

Frieden

Entspannung

Fröhlichkeit

Toleranz

Aufmerksamkeit

Offenheit

Achtung und Akzeptanz

Weite

Freude

Schönheit

Macht

wertfreies Denken
und Handeln

Zulassen
von Gefühlen

universelle
Energie

Leben im Jetzt

Vertrauen

innere Weisheit

Geborgenheit

Wahrheit

Austausch

Kraft

Zeitlosigkeit

Ehrlichkeit

Glaube

Leidenschaft

Dankbarkeit

Veränderung ist optional

Josefin muss wieder kurz verschnaufen - auch für sie sind das neue Dimensionen, neue Denkansätze, neue Möglichkeiten.

Alles im Leben hat eine Bedeutung.

Jeder noch so kleine Windhauch, Flügelschlag ist präzise vom Universum ausgeführt.

Jeder kann seine Wahrheit ändern, aber Veränderung hat immer mit „die Grenzen erkunden" zu tun und die Abgründe, die nur in der eigenen Realitätsblase existieren, sind meist von Angst gespickt. Ich glaube, an diesem Punkt ist zu erwähnen, jeder Mensch ist in der Lage, sich und seine Wahrheit zu verändern, wenn seine Zeit reif ist und wenn er sich in der Lage dazu fühlt. Wenn sein komplettes Umfeld meint, es müsste jetzt Veränderung her, wird das den Menschen vielleicht beeinflussen, aber die wahre Veränderung muss von innen kommen.

Was bedeutet das für dich? Falls du nie Lust verspürst, dich in deinem jetzigen Leben zu hinterfragen oder gar zu verändern, dann eben nicht. Dann eben ein anderes Mal. Dein Leben, deine Verantwortung.

Jetzt sind wir abgeschweift. Wir waren bei der Bedeutung vom Leben und beim Flügelschlag, weißt du noch?

Raus aus der Opferrolle - Rein in die Selbstverantwortung

Alles im Leben hat eine Bedeutung und wenn man das mal begreift, dann kann man vieles, viele Wandlungen und Handlungen anderer, globale Geschehnisse, aber auch eigene Wandlungen und Handlungen aus einem ganz anderen Licht betrachten. Denn dann setzt das wahre Vertrauen, echte Entspannung ein.

Wenn alles einen Sinn hat, dann fällt die Angst vorm Fehler machen weg.

Wichtig ist nur, dass man in der Selbstverantwortung bleibt, denn nur dann ist man selbst in seiner Macht. Für den Sinn des Lebens ist es eigentlich egal, ob du Opfer oder in deiner Macht bist. Letzteres wird für dich angenehmer sein, weil du unabhängig von deinem Umfeld bist.

Viele Menschen wissen gar nicht, dass sie sich als Opfer sehen. Raus zu kommen aus dieser eigenen Gedankenspirale geht nur mit dagegen paddeln und das Ruder für dieses Paddeln ist das Verzeihen, sich und der Welt. Da kann man sich entweder eine Situation oder Person rauspicken oder das Verzeihen als solches in den Alltag einbauen. Wie viele Menschen streiten sich? Wie willst du dich streiten, wenn du der Person dir gegenüber sofort verzeihst, wenn sie dir einen Vorwurf macht? Allein streiten ist unlustig. Die Luft ist raus und du wirst um einiges glücklicher sein.

Natürlich eröffnet dir dies ein neues mentales Übungsfeld, welches wahrscheinlich nie müde wird, dich zu fordern. Also los, nutzen wir die schwabbelige Masse da oben einfach mal und schauen wir, was das auslöst. – Sie wartet auf deine Anweisungen! *zwinker*

Jedes Wort wirkt

Wir beeinflussen jeden Moment mehr Menschen als wir glauben.

Selbst, wenn wir Dinge sagen und keiner reagiert. Ein Teil des Gesagten ist im Gehirn (Herz) des anderen deponiert und macht etwas mit unserem Gegenüber, auch wenn wir das nicht merken. Also, wähle deine Worte mit Bedacht, denn dein Gegenüber kann nicht filtern, ob die Infos hilfreich oder destruktiv für dessen Innenleben sind.

Genauso ist es umgekehrt. Wähle weise, mit welchen Menschen du dich umgibst, welchen Informationen du dich auslieferst, welche Gefühle du bei dir verankerst und von welchen Gefühlen du dich distanzierst.
(Einwurf von Jo: Ich glaube, es ist wichtig, prinzipiell alle Gefühle, die gelebt werden wollen, willkommen zu heißen und auch zu fühlen. – Wählen kann man dennoch, welchen Situationen oder Lebensumständen man sich aussetzt und welche man eher vermeidet. – Einwurf zu Ende)

Wie Musik bewegt

Was auch immer jetzt kommt, es wird das Richtige sein. Das war jetzt für Josefin. Sie darf nämlich ihrer Intuition und ihrer Hand vertrauen. Der Stift ist nur ausführendes Organ, aber auch von Bedeutung. Ihr Verstand darf sich entspannen.
Also, wir fahren fort (nicht wirklich örtlich, sondern eher textlich) – ich bin manchmal sehr lustig! Ach, wenn ihr alle wüsstet! Josefin schnaubt, aber das war nur ihr Verstand, der kann schnauben so viel er will – Jo vertraut mir, also lasst uns beginnen über etwas Neues zu schreiben...
Trommelwirbel – Musik, ein spannendes Etwas, welches Lebewesen unglaublich glückselig, aber auch unglaublich traurig machen kann. Was es jedenfalls fast immer kann, ist, den Verstand überholen und die Gefühle eines Menschen zu kitzeln, zu lockern, zu wecken, zu necken. Nichts trifft so ins Herz wie ein Lied, das du gerne hast. Es kann alte Welten aufleben lassen, neue Türen öffnen, kann Mut machen, Freude bereiten, Trauer verblassen lassen, deine Kreativität wecken, dich Liebe verspüren lassen, wo im Moment zuvor noch keine war. Es kann aufwecken, erregen, aufregen, besänftigen, beschwichtigen, entspannen, einschläfern, Vertrauen erzeugen, zum Lachen bringen, Erinnerungen erschaffen und lebendig halten. Es kann dich in Bewegung halten, dich selbst vergessen lassen, dich in Trance versetzen, dich wachrütteln und und und...

Musik wird oftmals unterschätzt. Musik kann sehr heilend wirken, kann dir den Weg leuchten, kann dir Zeichen geben, wenn du welche hören willst.

Musik ist zeitlos und mächtig.

Nutze sie, sie ist dein Werkzeug, dein Tor zu deinen Gefühlen, vorbei an den Mauern der Angst, der Zweifel und des Verstandes. Wähle auch hier, welche Musik die richtige für deine Ohren ist, denn ist sie einmal eingeschaltet, kannst du dich nicht mehr wehren. Sie bahnt sich den Weg in dein Herz und beeinflusst dich.

Vom Sein des Lichts

Licht ist das nächste, das ich anschneiden möchte. Ein Begriff, der Stunden bräuchte, um definiert zu werden. Aber ich versuche es kürzer und trotzdem ausdrucksstark.

Für mich ist Licht Energie, Energie die jeder ausstrahlt, Energie die jeder empfängt.

Licht ist sehr weit, sehr fein, sehr machtvoll, denn wo Licht ist, kann nur außerhalb dessen Reichweite Dunkelheit sein. Der Spruch „Sei das Licht in der Dunkelheit" ist insofern wahrheitsgemäß für mich, da sich selbst die dunkelste Dunkelheit nicht gegen Licht, nicht mal Kerzenlicht, wehren kann.

Licht ist einfach.

Licht kämpft nicht. Licht liebt einfach. Licht will nicht gewinnen. Licht ist der Sieger, weil jeder Sieger ist, der Licht in sich trägt und weil es nicht wertet. Es ist einfach.

Es genießt. Es scheint. Es strahlt und sendet mit Freude aus, was es hat. Es kennt keinen Gedanken des Mangels, denn es hat Licht im Überfluss. Es bestärkt andere, rückt sie in ihr eigenes Licht und es kann auch in anderen Licht entzünden, wo noch keines ist. Es kann leuchten, und es schweigt. Es ist einfach.

Das Licht fürchtet sich auch nicht, denn das Licht ist reine, bedingungslose Liebe. Es hat und braucht keinen eigenen Willen. Licht ist ewig. Licht ist vielschichtig. Licht kann atemberaubend sein. Licht hat kein Ego. Das braucht es auch nicht, denn es weiß um seine Kraft, Leuchtkraft und Weite Bescheid.

Licht ist Gott und Gott ist Licht.

Auch du kannst Licht sein. Jeder kann das. Jeder, der an sich glaubt oder glauben will. Jeder der sich kennt oder sich kennenlernen will.

Jo, jetzt darfst du duschen. Uhrzeit (auch wenn linear *zwinker*) zehn vor zwei Uhr nachts!

Jo & ihr Weg

Und weiter geht's. Jo ist heute gut drauf, sie ist voll in ihrer Kraft/Macht. Das war nicht immer so. Sie durfte auch ihre Lernerfahrungen machen.

Eine helle Seele mit viel Licht und Liebe im Kern wird schief angeschaut inmitten von jungen Wesen, die sich selbst finden und dabei oft die anderen um sich vergessen. Die aus Angst, selbst verletzt zu werden, andere verletzen, weil das nach außen hin Macht symbolisiert, wo eigentlich nur Schwäche herrscht.
Josefin durfte auch schon Schmerzen, körperlich und psychisch, erleben. Auch nicht so prickelnd, aber notwendig, damit sie erkennt, dass sie ihre wahre Stärke nicht verstecken braucht, um anderen zu gefallen. Sie hat sich klein gemacht, sie hat ihre wahre Größe verleumdet, nur um gleich zu sein wie die anderen. Hat sich ausgeredet, wer sie sein könnte. Hat sich eingeredet jemand zu sein, der wie eine Maschine arbeitet und so ist, wie die meisten am Feld, anerkannt von der Gesellschaft, aber das Herz verloren, noch nie gesehen. Blind und ohne Angst, voller Kontrollsucht rannte sie wie so viele andere herum.

In die Knie gezwungen durch ganz viel Müdigkeit und Ganzkörperschmerzen durchlebte sie Ungeduld, Verzweiflung und auch scheinbaren Stillstand. Der Kampf in ihrem Kopf, der sie nahezu sich selbst verlieren ließ, trug sein Übriges dazu bei, dass sie vom Leben in einen Transformationstunnel geschickt wurde. An guten Tagen spürte sie, dass da Licht am anderen Ende des Tunnels

war und diese Tage gaben ihr die Kraft, weiter zu gehen und das Leben und seine undurchsichtigen Prozesse zu akzeptieren. Sie hat sich und ihrem Weg vertraut und weiß heute mehr als je zuvor, dass großartige Dinge in ihr Leben kommen werden, Dinge die sie sich selbst erträumt hat und Dinge, die sie sich jetzt noch nicht erträumen kann, weil auch sie Denkgrenzen in ihrem Kopf hat, die sie noch sprengen darf. Auch sie darf mit sich geduldig sein und ihren Weg Schritt für Schritt genießen.
Das war jetzt viel Privates von ihr. Bitte wertet nicht, nicht in die eine oder die andere Richtung. Geht euren Weg weiter und seht diese Buchstaben als Geschenk des Universums. Es mussten sich ein paar Flügelschläge ergeben, bis diese Worte, so wie sie jetzt geschrieben stehen, geschrieben worden sind und dafür empfinde ich tiefe Dankbarkeit.

Angst & alles „Böse“

Angst – wieder so ein riesiger, weiter, unbezwingbarer (und doch nicht unbezwingbarer), mächtiger Begriff. Ein Gefühl, das eiskalt jeden erwischt, der dem Gefühl nicht trotzt und seine Grenzen sprengt. Der erkennt, dass die Angst „nur“ eine Illusion ist. Ich gebe zu, sie versteckt sich gut und sie kann auch ziemlich tief sitzen.

Angst kann man nur haben, wenn man glaubt, etwas verlieren zu können.

Um etwas verlieren zu können, muss es möglich sein, etwas zu haben und da liegt der Hund begraben. Es gibt kein „Haben“, kein „Besitzen“ auf dieser Welt. Wenn du stirbst, gehst du allein und das ist gut so. Stell dir vor, du müsstest Koffer packen. 😀 Einwand von Jo: „Witzkeks“ – Jaa, bin ich gerne. Ich liebe es, Sachen zu entmystifizieren.
Also, der Tod ist, wie er ist. Die meisten Menschen haben Angst davor, weil sie nicht wissen, was nach dem Tod passiert. – Ganz ehrlich, weißt du, was im nächsten Moment geschieht?
Die Perlen sind auf der Perlenkette und wir sehen, sind, leben immer nur eine Perle und das ist sehr gut so, sonst würde sich der Kopf nur Sorgen machen im Leben. Sehr unlustig! Und um gleich den nächsten Mythos dran zu hängen – die Hölle. Die kann es ja rein theoretisch nur geben, wenn es Gut und Böse gibt, richtig? So, wenn ich jetzt aber behaupten würde, dass es kein schwarz, weiß, gut, böse und so weiter gibt, dann fällt das Thema Hölle ziemlich schnell flach, nicht wahr?
Und wenn das noch nicht reicht als Argument, dann

versuche ich es mal mit der Erklärung, dass jeder seine eigene Wahrheit hat. Das hatten wir ja schon mal, bitte nachlesen, falls vergessen. *zwinker*
Also, wenn jeder seine eigene Wahrheit hat, dann gibt es nur für all jene eine Hölle, die wollen, dass es eine gibt und für die gibt's dann eh nur wenig Hoffnung. Denen kann ich nur viel Spaß wünschen. Ich fühl mich im „Himmel", den es ja eigentlich auch nicht gibt, übrigens sehr wohl. Ist nicht ganz so heiß und böse, aber jeder macht sich seine eigene Welt. Mir gefällt meine! 😃 Josefin schaut groß. 😃

Das hier ist für Josefin ein Projekt bzw. Experiment. Sie weiß noch nicht, ob das alles überhaupt jemanden interessiert. Zumindest sie selbst scheint Spaß dran zu haben, fremdgesteuert ein Buch zu schreiben, das es noch nicht gibt. Aber für mich ist dies ein Weg, wie ich ganz vielen von euch helfen kann, auch wenn ihr mich nicht fühlen könnt.

Ich bin bei jedem von euch,
denn ich bin ihr und ihr seid ich.

Sag mal „Ich bin Gott." – wenn es geht, ohne Publikum. Zumindest nur unter Menschen, die verstehen, wie du es meinst, sonst hast du gleich weitere, möglicherweise unfreundliche, Menschen an der Backe. 😃 Das Bild – herrlich! Na, wenn du nicht weißt, was du sagen sollst, schenke ihnen einfach dieses Buch, dann werden sie es entweder verstehen oder Josefin hat die unfreundlichen Menschen an der Backe. 😃 – Alles Gute, Jo! Na, wünschen tun wir ihr natürlich nur das Beste – nur freundliche, liebevolle Menschen.
Jo's Kommentar zu meinen Worten: „Wie ein kleines Kind."
Was mich gleich zum nächsten Thema bringt.

Was braucht dein inneres Kind?

Inneres Kind. Jo, stark bleiben. Ich weiß, da hast du noch ein bisschen was zu lernen. *zwinker*

Also, dieses Kind darf tun und lassen, was es will, genau wie du. Wir wissen es, verlernen es nur mit der Zeit. Du darfst also tun und lassen, was du willst.

Was würdest du tun, wenn es keine Grenzen gäbe?

Keine Zeit, keine Termine, keine Menschen, die dich begrenzen, keine Ortsthemen, keine Geldthemen. – Wenn es da nichts gäbe. Keine Hindernisse, nur dich mit dir und in dir dein Inneres Kind. Was würdest du tun?

Schreib dir eine Liste mit diesen Dingen.

(Jo will auch denken und muss sich einen neuen Block holen, wir schreiben gerade auf Karton und der ist leider auch begrenzt, also DENK- und SPINNPAUSE)

Und jetzt überlege dir, was in Gottes Namen (Wortspiel, hihi) hindert dich, es nicht gleich zu machen oder zumindest die ersten Schritte zu setzen?

Ok gut, Jo hat ihre Liste (die bleibt geheim, sie braucht auch ein bisschen Privatsphäre *zwinker*).

Also: Wie viele Dinge stehen auf deiner Liste, bei denen dich tatsächlich etwas daran hindert sie umzusetzen und bei wie vielen bzw. welchen Dingen könntest du heute

schon einen Anfang wagen? Du dachtest immer nur, es geht nicht, weil du es eben dachtest. *zwinker* Ich glaube, du weißt, worauf ich hinaus will. ☺ Verrückt, oder?
Darf ich vorstellen, die Welt voller Möglichkeiten! Nur so wenige ergreifen sie, weil so wenige spüren, was in ihnen steckt und wie vielfältig die Optionen sind. Weißt du, was zum Inneren Kind noch zu sagen ist? Höre ihm zu, denn es hat öfter Recht, als du glaubst. Du glaubst, du willst arbeiten, es will spielen, warum nicht in der Arbeit „spielen"? – Was auch immer du unter „spielen" verstehst! Bleib kreativ und denke anders.
Ich übernehme für nichts die Verantwortung und Jo auch nicht. Was kann denn sie dafür, wenn du mich missverstehst? *zwinker*
Aber ich kann dich beruhigen. Auch das ist, wie so ziemlich alles, Teil meines Plans. *zwinker*
Also, statt Arbeit → Spiel!
Du willst vielleicht funktionieren, doch dein Kind will sich entfalten können, will Fehler machen dürfen! Lass es zu, perfekt wirst du ohnehin nie! Forget it!

Zur Perfektion

Themen, wie Vertrauen, Geduld, Loslassen, Angst, Bewertungen, Ego und Selbstliebe dürfen hier näher betrachtet werden.
Mach was daraus, wenn du dir selbst helfen willst. Also, das Innere Kind will vielleicht einfach nur frei und verrückt sein. Es will nach den Sternen greifen, bedingungslos geliebt werden, erhört werden, geheilt werden, umarmt werden, Wärme spüren und Liebe empfangen. Das will es, willst du das alles nicht auch? Lausche und lerne, wenn du verstehst. *zwinker*

Das war es für heute, auch wenn Jo jetzt noch motiviert wäre. Unterschreite ich die Grenzen leistungsmäßig, dann freut sie sich schon auf die nächste Nacht und das ist mein Ziel. ☺ Lasst es euch gut gehen und lebt euer Leben.

Bussi,
euer Freund und Begleiter ♡

Gewalt - beleuchtet

Hi! Was geht?
Um 5 nach 12 sind wir wieder bereit. *grins* Josefin und ich. Eigentlich nur Jo, aber ich bin ja bekanntlich überall. Ein bisschen gebraucht habe ich heute, bis sie mir vertraut hat, besser gesagt, bis ihr Verstand mir vertraut hat. Der kann auch stur sein. *schmunzel* Aber nun sitzen wir ja da, bereit für neue Abenteuer. Jo lauscht, ich diktiere und wir verführen dich.
Heute möchte ich ein spannendes Kapitel anschneiden. Es geht um Gewalt, eigentlich um Vergewaltigung. Zieht es dir da auch alles zusammen wie bei Jo? Ein heftiges Thema, nicht? *schmunzel* Jo ist nicht begeistert. *schmunzel, schmunzel* Naja, sie muss ja nur zuhören.

Also, da geht es vor allem um Rollenspiele. Um Machtspiele, um Macht ausüben und Macht ertragen, um Gewalt und um Opfer sein. Um verkrampfen, um loslassen, um wegschauen, um klein beigeben, um um-Gnade-bitten, um Spiel, um Furcht, um Respekt, um fehlenden Respekt, um Grausamkeit, um Ego, um mangelnde Liebe, um Klischees, um Verteidigung, um Kraftakt, um Kräfte messen, um Achtung, um Acht geben, um Geschehen lassen, um Ausrauben, um sich elendig fühlen, um bluten, um kämpfen, um Scham, um Achtlosigkeit, um Zwang, um Furcht, um Rollenbilder, um Gesellschaftsschichten, um Sexismus, um Weiblichkeit und Männlichkeit, um Hinschauen, um Schreien und nicht gehört werden, um Panik, um Machtlosigkeit, um verzeihen, um Liebe, um Anspannung und Entspannung, um Kontraktion, um Takt, um Mauern bilden, um Verstand ausschalten, weglaufen, weinen, Verzweiflung, um Schuldgefühle, Mitfühlen, nichts fühlen, um schockiert werden und schockieren, um sich Respekt verschaffen mit Waffen der Macht, um jagen und gejagt werden, um ein Spiel, das ernst wird, um Grenzen, die überschritten werden, aus Eigeninteresse, um Schmerzen, die jemand anderer erleiden darf, weil man selbst so viele hat, um das Recht, über jemand anderen bestimmen zu dürfen, nicht immer alles richtig machen zu müssen, um Freiheit verspüren auf Kosten anderer, um Liebe erzwingen, Kontrolle ausleben, um Achtung zu bekommen, zumindest kurzfristig, weil man keine Achtung vor sich selbst hat, sich gelähmt fühlen, nicht weiter wissen, die Bilder nicht vergessen können, Tabuthema, Mobbing, sich klein machen, einsam sein, sich bedroht fühlen, um Angst haben, um wenig Verständnis für Zusammenhänge haben.

Wo ist der Sinn? All das bleibt offen, wird oft in eine Schublade im Hinterhirn gestopft und dann wird gehofft, dass das Leben weiter geht, dass niemand da reinschaut, dass sich da nichts anstaut, nichts raus traut. Das soll alles da drin bleiben und schmoren, jetzt kommen bessere Zeiten ohne diesen Schmerz – das denken sich viele, einfach vergessen, aus dem Sinn.
Aber die Körperzellen wissen da mehr davon. Die sind intelligenter, als wir glauben. Die speichern alles im Unterbewusstsein ab.

Diese Erinnerungen bestimmen dann weiterhin unbewusst unser Leben, bis wir bewusst die Schubladen beäugen …

... und loslassen, verzeihen, neu lieben lernen, gehen lassen, Wut ablassen, Schmerz verspüren,
ganz tief aufleben lassen und verabschieden.
Danach alles sauber wischen und uns mit neuen, schönen Erfahrungen und Gedanken auffüllen.

Impulse und Werte, die uns weiterbringen, die uns stark machen, die uns aufheitern, uns positiv denken lassen. Das sind Informationen, die wir brauchen. Täglich neu, frisch und sauber.
Oft kommen diese Infos aus unserem Umfeld, wir dürfen uns einfach darauf konzentrieren. Dann sind sie drinnen in unserer Gedankenschublade und unsere Zellen, die macht das glücklicher. Die sind nämlich voller Licht (man suche im Web nach „Photonen"). Ihr wisst es sogar schon. *zwinker* Sie sind voller Licht und leben davon. Das ist es, was sie wirklich glücklich macht. Licht und Liebe! Und sie danken es dir, glaube mir! Wie? Mit Energie, Kraft, Schönheit, Lustig sein, Entspanntheit, Heiterkeit, Loslassen. Schön, nicht?

Herzensträume & Genüsse aller Art

Das ist dann wahrer Genuss. Wenn die Zellen sich wohlfühlen, ist nämlich alles „in Butter“. Ein Traum, wirklich! Und ich bin dir auch dankbar, wenn du gut für dich sorgst. Bin ja auch ab und zu Gast. Beim Einen mehr und beim Anderen weniger präsent. Da bin ich immer, wenn du mich brauchst! Aber nicht, wenn der Verstand eine Schnapsidee hat, wo er weiß, das wird nichts. Sorry, das ist nicht mein Aufgabengebiet. Ich hab' mich auf die wahren Träume spezialisiert. Ist manchmal im Gedankengedusel nicht so leicht zu finden, aber hin und wieder krieg ich dann auch was richtig Feines zustande. Je klarer die Sicht im Hirn, desto schneller bin ich bei Beschaffung und Umsetzung.
Die zweite wichtige Zutat ist Vertrauen. *zwinker* Jo's Herz ist da jedes Mal sofort dabei, nur der Verstand verlangt nach ein paar Streicheleinheiten. Aber auch das lässt sich regeln, heiße ja nicht umsonst „Gott“. *zwinker*

Was auch immer du denkst, aber vor allem fühlst, wird Realität. Mit diesem Wissen durchforste doch mal deine „Achterbahn“ der Gefühle bzw. deinen Gedankendschungel. Was davon ist brauchbar und darf bleiben? Was davon darf gehen? Oder passt es eh so? Ist ja bei jedem anders. *zwinker*

Genuss ist auch sehr wichtig für ein gutes Leben, habe ich so mitgekriegt im Laufe meiner Erfahrungen. Denn das ist ein tolles Gefühl. Man ist voller Freude im Hier und Jetzt. Dabei ist es auch egal welche Art von Genuss. Rauchen, Trinken, Sex, Essen, Riechen, Kunst, Musik – alles, was dein Herz zum Hüpfen bringt, ist Genuss. Gut ist es, wenn du das schlechte Gewissen beiseitelassen kannst, das hebt nämlich alles Positive des Genusses wieder auf. Also entweder genießen und Spaß haben oder lassen. Das war es auch schon für heute! Morgen wieder mehr! Arrivederci!

Bussi,
euer Freund und Begleiter

Mythos Meditation

Hi! Eine halbe Stunde später, nach ein bisschen Meditation im Bett, geht es nun doch wieder munter fröhlich weiter (Uhrzeit: 01:30).

Die Meditation, das ist ein Begriff der dringend entmystifiziert werden darf, denn Meditation ist immer Freestyle. Es heißt eigentlich nur, dass du auf deine innere Stimme hörst und dich leiten lässt, fallen lässt und lauschst. Du kannst Musik oder Düfte als Hilfsmittel nehmen. Du kannst aber auch beim Spazierengehen meditieren oder beim Geschirrabwaschen. Es ist einfach eine schöne Art der Entspannung und wieder mal des Vertrauens.
Jo hat viel zu lange gedacht, sie braucht da andere dazu. Niemanden brauchst du dafür! Das ist ja gerade das Tolle daran. Gratis, frei und offen. Du darfst einfach dir selbst vertrauen und eine schöne Zeit mit dir haben. *grins* Dabei kannst du enorm viel Kraft und Energie stabilisieren und mobilisieren.

Auch Farben und Motive oder Symbole können unterstützend wirken. Doch am besten wirkt das Gefühl Liebe – tiefe, ehrliche, bedingungslose Liebe und alle damit verwandten Gefühle. Auch hier gilt wieder mal: Zeit ist kein Faktor. Lass dir Zeit. Gib dir Zeit. Du darfst dich in Meditation üben. Es ist eine Art der Schulung der Gedanken und Gefühle, des Fokus auf eine Sache und des Spürens einer Weite.
Du wirst sehen, es wird deinen Kopf klarer machen, dein Bewusstsein erweitern, deine Energie steigern und dein Gemüt stabilisieren.

Die Weiten des Universums

Hi!
We are back on the road! (übersetzt: Wir sind zurück auf unserem Weg!)
Wie läuft's bei euch? Alles fit?
Nicht immer so leicht, Jo vom Schreiben zu überzeugen. Ne, besser noch ihren Verstand. Aber es ist alles ein Weg der Entwicklung. Ich verzeihe dir und deinem Verstand, Jo, du kommst mir ja eh nicht aus. *zwinker*
So bleibt uns nichts anderes übrig, als fortzufahren im Text. Themen gäbe es ja genug. Nur welches passt für jetzt?

Diesen Text werden unterschiedliche Menschen an unterschiedlichen Zeitpunkten in ihrem Leben lesen und es wird immer passen. Lustig, nicht? Das Universum ist schon erstaunlich!

So weit.
So unendlich.
So formlos.
So bezaubernd grenzenlos.
So frei.
So voller Möglichkeiten.
So ungezwungen.
So ehrlich.
So essentiell.
So neu.
So erfinderisch und doch so zuverlässig, vertraut, fein, bodenständig, traditionell, schnell, aufgeschlossen, tolerant, liebevoll.

Ein Geschenk des Himmels. *zwinker*

Es ist so voller Informationen, Gefühle, Fülle, Reichtum, Glückseligkeit, Liebe.

Und doch nehmen die meisten Menschen dieses Etwas nicht einmal wahr. Sie sind so abgelenkt und verkrampft in ihrem Alltag, dass sie gar nicht auf die Idee kommen, ihre Augen und ihr Herz zu öffnen und zu lauschen. Zu lauschen, was die Welt zu bieten hat.

Unser wunderbarer Planet, der bekanntlich Teil des Universums ist, ist so voller Leben, so voller Wunder. Er wird oftmals unterschätzt. Unterschätzt in den Möglichkeiten, die er bietet, den Beziehungen und Bindungen, die entstehen können, den Veränderungen, die auf jedem erdenklichen Level stattfinden. Alles Lebendige hat eine Intelligenz, alles Neue braucht Energie und alles Alte ist schon längst vergessen und nicht mehr von Bedeutung. Das Leben ist vergänglich. Die Zeit läuft. Aber die Zeit ist auf deiner Seite, wenn du das willst. Sie begleitet dich, sie gibt dir Zeichen. Sie kann sich dehnen und strecken, sie kann dich aber auch fordern, dir einen Schrecken einjagen, dich lieben und zum Schmunzeln bringen, dich Reue spüren lassen, dich auf eine Reise in die Vergangenheit oder die Zukunft vorbereiten, dich begleiten, dich dann aber auch wieder die Gegenwart spüren lassen.

Von den Wegeskurven, Tälern & Hügeln

Lasst uns anhalten, still werden, aufhorchen, dem Geflüster lauschen, das uns umgibt. Dem Stimmengewirr, das entwirrt werden will. Oft sind es unsere Gedanken, die entwirrt werden wollen, die auf Neuordnung hoffen. Auf Ausmistung, auf Loslassen von alten Glaubensmustern, damit Platz für Neues geschaffen wird. Lasst uns beginnen, zu begreifen, dass das hier nur ein Spiel ist. Ein Spiel, in dem wir die Hauptrolle spielen. In dem wir die Zügel in Händen halten. Ein Spiel voller Möglichkeiten, in dem nur wir selbst uns die Grenzen setzen.
Nur wir selbst - niemand anderer sonst.
Die anderen setzen ihre Grenzen in ihrem Spiel auch wieder selbst und das Schöne daran ist, so darf jeder seinen Begriff von Freiheit leben. Niemand ist von jemand anderen abhängig. Niemand braucht jemand anderen für irgendetwas. So kann jeder sein Spiel spielen und sich an den Etappen, an den Zwischenerfolgen erfreuen. Die Aussicht genießen und lernen.
Wir sind alle immer versorgt. Wir sind alle immer beschützt. Wir sind wir und auf dem Weg zu dieser Erkenntnis dürfen jetzt viele kleine Wunder passieren. Es dürfen Momente der Freude, des Kopfschüttelns, des Weinens, der Erlösung, des Vollkommen-Werdens entstehen. Es dürfen Momente des Stolzseins erlebt werden. Denn auf diesem Weg gibt es unbegrenzte Möglichkeiten.

Lass dich darauf ein und schwimme mit. Lass dich von dem ausgeklügelten Plan begleiten, den einst Jemand oder Etwas *zwinker* geschrieben hat. Der, die oder das wird sich schon etwas dabei gedacht oder gefühlt haben. Und wenn du anfängst, dich zu verkrampfen, weil dein Verstand es nicht packt, dann überrasche dich selbst mit einer Tat, die dein Verstand nicht erwartet hätte.

Lächle und wisse, dass auch Momente der Anspannung dazu gehören, um zu verstehen, was vollkommene Entspannung bedeutet.

Wie ihr wisst, geschieht zwar alles nach Plan, aber für euch trotzdem unvorhergesehen. Neu. Oftmals verwirrend. Oftmals fühlt ihr euch blind, weil ihr nicht wisst, was da als nächstes kommt. Weil ihr nicht ahnen, planen und vorbereiten könnt. Weil der Weg Kurven macht, im Wald weiter verläuft, eine Bergkuppe vor euch ist und ihr wisst, ihr spürt, ihr werdet den Weg gehen, doch ihr habt auch dieses merkwürdige Kribbeln im Bauch. Ein Kribbeln, das nach Abenteuer riecht, das nach Neuanfang riecht, aber vielleicht auch nach Mut beweisen, Ohren steifhalten, Angst überwinden, mit sich selbst ehrlich sein, nach Selbstvertrauen, nach Lernerfahrungen, nach Schreckmomenten und Genussmomenten.
Mit dieser Palette an Möglichkeiten dürft ihr spielen, denn dadurch werdet ihr stark, fühlt euch lebendig und lebt euer Leben. Es geht um Erfahrung, die gesammelt wird, die untereinander ausgetauscht werden darf. Das ist die einzige Vorbereitung aufs Leben, auf den nächsten Moment. Und auch wenn das vermeintlichen Schutz und Sicherheit bietet, es wird dann doch immer anders, als man glaubt. Weil das Universum Überraschungen lieber hat als monotone Abläufe. Weil das Leben mehr zu bieten hat. Weil sich selbst neu zu erfinden einfach mehr Spaß,

Freude und Lebendigkeit bringt als Starrheit, Furcht und Mutlosigkeit.
Auch wenn Ersteres vielleicht im Moment mehr Herausforderung ist als Zweiteres, wird Ersteres trotzdem mehr Energie freisetzen, mehr Kraft spenden und mehr Funken der Freude versprühen. Das mag jetzt vielleicht kitschig klingen, aber wenn es so ist, nehmen wir doch auch Kitsch gerne in Empfang und genießen den Kitschmoment.

Das Ergebnis von Stille

Momente können so viel und so wenig beinhalten, beides hat seine Berechtigung. Beides bekommt seinen Raum, seinen Platz. Denn beim Nichtstun können wir unseren Gedanken lauschen, unsere innersten Gefühle spüren. Können erkennen, wer wir sind. Können uns, unser wahres Ich erforschen, formen, lieben lernen. Denn nur in der Stille ist Raum für Entwicklung.
In Momenten, wo viel passiert, können wir uns austoben, Erfüllung finden. Es geht nämlich nicht darum, wie viel oder wie wenig in einem Moment geschieht, sondern nur, was ich daraus mitnehme, was ich weiter gebe, was ich liegen lasse, was ich genieße, was ich integriere, was ich schätzen lerne. Wofür ich dankbar bin. Wo ich Respekt verspüre und wo Zuneigung.

Neue Fühlmuster

Was auch immer für dich Zuneigung bedeutet. Was auch immer Respekt für dich ist. Es ist an der Zeit, auch das zu überdenken. Vielleicht ist Zuneigung auch, wenn dich jemand anlächelt, wenn dir jemand etwas schenkt, wenn du ein Kompliment bekommst. Vielleicht ist Respekt auch, wenn dir jemand zuhört, wenn dich jemand wahrnimmt, dich jemand um Rat fragt oder dir einfach etwas anvertraut.
Begriffe sind dehnbar, sie lassen sich erweitern, sie lassen sich biegen, sie lassen sich treiben, sie passen sich an und bieten Fläche zum Austoben, erschaffen Gefühle komplett wertfrei, komplett neu, komplett naiv. Begriffe lassen sich auch formen, sie sind nicht so starr, wie wir manchmal glauben. Sie integrieren sich in dein Denkmuster, verstecken sich zwischen den Rillen oder präsentieren sich in den Kreisen.

Wenn Sturheit weicher wird

Was auch immer passiert, es gibt einen Hintergrund. Es gibt Zusammenhänge.

Sei flexibel und weich im Denken und Fühlen, dann wirst du dir nicht so oft den Kopf stoßen.

Sturheit ist der Garten des Egos. Dort tobt sich das Ego aus. Dort will es Kräfte messen, protzen, übertrumpfen, Macht ausüben, gewinnen, vergleichen.
Sturheit ist losgelöste Energie, losgelöst vom Herzen. Sie

beengt den Geist. Schneidet der Seele den Weg ab und verwirrt deine Essenz.
Gegensteuern kann man da mit Loslassen (wieder mal *zwinker*), mit Liebe und mit dem Mut zur eigenen Wahrheit zu stehen. Mit Respekt gegenüber der Wahrheit anderer, mit Weichheit, mit Grenzen-Sprengung, mit Humor, mit dem Wir-Gefühl und so.

Amen - neu definiert

Amen ist auch ein Wort, das viel zu oft unehrlich ausgesprochen wird. Das Gefühl der Verbundenheit mit dem Göttlichen ist entscheidend. Das Gefühl der Vertrautheit, der Wahrheit, der Echtheit, der Ewigkeit, der Liebe, der Dankbarkeit. Diese Gefühle machen dieses Wort zu dem, was es ist bzw. sein darf.
Jeder interpretiert Kirche, Glaube, Mythos, Religion, Gott anders. Jeder entwickelt für sich ein Bild, das sich ändern darf, das lebendig bleibt, das flexibel im Fluss des Lebens mitschwimmt. Lasst es mich wissen, wenn ihr verbunden sein wollt. Ehrlich. Echt. Wahrhaftig.
Oft sprechen Menschen Wünsche aus, die sie nicht für möglich halten und durch ihre eigene Begrenztheit des Verstandes zerstören sie den Wunsch. Sie ersticken ihn im Keim, weil sie sich selbst nicht glauben, was sie da sagen bzw. sich selbst nicht vertrauen. Sie haben vergessen, dass sie die Verantwortung haben, dass sie die Zügel in Händen halten. Das Universum ist das Pferd, das vorne steht und zieht, die Kutsche sind eure Denkmuster. Ein schönes Bild, nicht wahr? Was mir alles so einfällt, hm? Schon toll, gell? *zwinker* Bin ein toller Hecht! 😃 Ja, auch ich darf mich loben. 😋

Fragen ans Universum & Eselthemen

Wann auch immer euch danach ist, könnt ihr mir Fragen stellen. Warum ich nicht gleich auf Knopfdruck antworte? Das kann unterschiedliche Gründe haben. Es kann sein, dass ihr für die Antwort einfach noch nicht bereit seid, dass ihr euch selbst nicht zutraut, die Antwort hören zu können oder ihr euch anderwärtig selbst blockiert.

Gebt euch Zeit. So etwas ist vor allem Kopftraining. Training für den Kopf, zu lernen, auf das Herz und den Bauch zu hören. Zu lernen, dass er sich zurücklehnen darf, dass er zuschauen und lauschen darf und den Fluss des Lebens fließen lassen darf.

Manchmal wird er jubeln und tun, was für ihn zu tun ist. Manchmal wird er sich ganz ausklinken und manchmal wird er stehen bleiben, wie ein sturer Esel, der nicht versteht, warum er nachgeben sollte. Warum er verdammt nochmal weich werden sollte, wenn er doch auch im Stehen super stehen kann, leben kann.

Dann braucht es die berühmt berüchtigte Karotte. Die Karotte, die weiß, wie sie den guten alten Esel aus seiner Reserve locken kann. Ein Stückchen Weichheit, ein bisschen Überraschung, ein bisschen Vorgeschmack auf die Sonnenseite des Fließens, des In-Bewegung-bleibens und eine Prise Zeit und Vertrauen. Und schwupps, schon ist der erste Schritt getan und der Esel weiß wieder, warum er seiner inneren Karotte (Stimme) folgen sollte.

Raus aus der Starre

Wie oft im Leben ist es so, dass wir nicht weiterwissen, dass wir das Gefühl haben, wir kommen nicht vom Fleck. Dass wir Angst haben. Dass wir sehen, wie die Zeit verstreicht und wir sitzen oder stehen vermeintlich unnütz herum und „bringen nichts zu Stande".

Es sind oft nicht mal die großen Zusammenbrüche. Es sind meist die kleinen Momente des Zweifels, der Ungewissheit, der Blindheit, der Sturheit, die uns verharren, erstarren und warten lassen.

Warten lassen, bis wir erkennen, dass wir selbst die Segel neu setzen dürfen. Wenn wir bereit sind, dies zu tun, wird der Wind uns tragen und wir werden ohne Anstrengung übers Wasser gleiten, mit Leichtigkeit, Freude und voller Glück und Zuversicht. Du bist derselbe Mensch, dieselbe Seele, doch du hast dir wieder mal ein Stückchen mehr Selbstvertrauen geschenkt. Selbstvertrauen, das bei dir sein wird, wenn wieder eine Welle kommt und dich gegen einen Felsen klatscht.

Das Geschenk der Blindheit & die zwischenmenschliche Schlauchverbindung

Jedes Erlebnis ist ein Puzzlestein deines Lebens und dieses Erlebnis wäre nur halb so schön, wenn du wüsstest, wie das Ende aussieht.

Denn dann würdest du nicht dasselbe lernen. Die Blindheit macht es aus. Diese Blindheit lässt uns langsam die Welt ertasten. Lässt uns spüren, lässt uns auf eine Sache konzentrieren. Lässt uns lernen, zu vertrauen, in uns selbst und nur in uns selbst. Denn selbst Gott ist nur eine Hülle, die wir für uns zum Leben erwecken können, wenn wir das wollen. Es liegt an uns.
Auch das Leben ist eine Hülle. Ein Schlauch, der es dir ermöglicht dir deinen Weg selbst zu erschaffen, der dir die Farben, die Mitmenschen, die Gefühle, die Erlebnisse selbst bestimmen lässt. Damit du Spaß hast, wachsen kannst und dein Wissen mit anderen teilen kannst. Damit auch sie Spaß haben, wachsen und teilen können. Sie werden es anders machen als du, eben auf ihre Art, denn sie gehen, wandeln in ihrem Schlauch und du in deinem. Dazwischen steht Nächstenliebe, Respekt, Achtung, Vertrauen und ganz wichtig, Platz zum Atmen.

Vom Atem bis zum Feste feiern

Ok, nach einer langen Haarewasch-, Chipsgenieß-, Meditationsdenkpause sind Jo und ich wieder da. *grins* Eigentlich könnte Jo jetzt übernehmen, sie denkt weit, ist ehrlich mit sich, weiß um die Grenzen bei anderen und hat einen Funken Idee vom Universum. Das reicht, um die Welt ein Stück weit zu verändern. *zwinker*
Das Ding ist, sie hat noch ein bisschen Schiss vor sich selbst, vor ihrer wahren Größe. Manchmal kriegt sie es hin, da ist sie weit, weise, im Herzen, weich, ehrlich, in ihrer Mitte und diese Momente dürfen öfter kommen. Diese Momente dürfen die Perlenkette zum Glänzen bringen und die anderen verblassen lassen. Du, ich und alle anderen haben Potenzial.

Gehe in deine Kraft, packe deinen Mut ein und mache dich auf den Weg.

Er wird vielleicht steinig sein, aber schon vergessen? – Das macht dich erst lebendig. Das ist Erfüllung. Wahrheit. Atme die Luft ein, die dir zur Verfügung steht und sei dankbar für diese Quelle der Reinheit, der Liebe, der Feinheit.
Spürst du den Überfluss an Luft, der dich umgibt? Es ist an dir, diese zu nutzen, auszukosten, zu genießen. Am Ende deines Lebens wirst du einen letzten Atemzug machen. Wird der sich von den vielen Atemzügen unterscheiden, die du im Laufe deines Lebens machst? Wird er ehrfürchtiger, leidenschaftlicher, dankbarer sein?
Atme als wäre es dein letzter Atemzug, denn eines weiß ich sicher – der letzte Atemzug ist ein bewusster Atemzug und alles, was du bewusst machst, hat Bedeutung.

Es bringt dich weiter, sorgt für mehr Lebendigkeit und Vertrauen in dich selbst.
Lass dich treiben, genieße deine Atmung, nur dadurch bist du überhaupt da! Es ist ein Zeichen, dass du am Leben bist. Ein Zeichen des Himmels und der Erde unter dir, dass alles gut ist, dass du versorgt bist, dass du geliebt bist.

Es ist an der Zeit aufzuwachen und zu begreifen, worum es im Leben geht, weil, je näher wir unserer Mitte sind, desto glücklicher, entspannter und freier sind wir.
Wenn wir unsere Flügel ausbreiten und unser wahres Ich entdecken, dann fängt das Leben erst richtig an. Denn dann ist jeder Moment ein Fest. Ein Fest der Gefühle, der Liebe, der Freiheit, des Respekts, ein Fest des Friedens und je mehr Menschen auf der Erde Feste des Friedens feiern, desto angenehmer wird das Klima hier.

Wir bereiten so den Boden für die Glückseligkeit unserer Kinder und Kindeskinder. Wir dürfen ihnen beim Wachsen zusehen und von ihnen lernen, denn dieser ganze Prozess, den wir da durchschreiten, das ist das wahre Fest und ich genieße es. Ich feiere es und hoffe ihr kommt alle mit.

Es geht um Bewegung. Bewegung in eine Richtung, wo du nur du selbst sein kannst.

Das war es für heute! Lasst es werken und wirken in euch und integriert, was euch lieb ist.

Nutze deine Kraft zu deinem Wohl und zum Wohl aller!

Ich hab‘ dich lieb.

Dein zeitloser, ewiger, treuer Begleiter und Freund♡

Fragen an dich

Hello du!

Was treibt dich an?

Was macht dich stark?

Wofür lebst du?

Wofür kämpfst du?

Was begrenzt dich?

Was befreit dich?

Was erhellt dich?

Wie lebst du?

Was denkst du?

Was fühlst du?

Wer bist du?

Was machst du?

Wen kennst du?

Wen kennst du noch nicht?

Wer spiegelt dir was?

Wofür stehst du?

Worauf stehst du?

Wer liebt dich?

Liebst du dich?

Was wünschst du dir?

Wo willst du hin?

Wo bist du jetzt?

Was willst du erleben?

Mit wem willst du es erleben?

Warum das alles?

Hast du Erwartungen?

Hast du Lust auf dein Leben?

Machst du mit?

Hast du Angst?

Kannst du fliegen?

Weißt du was?

Bist du frei?

Freiheit & Übermut

Jetzt in diesem Moment ist alles neu!
Alles glänzt, alles strahlt.

Wie auch immer, fühl dich frei!
Fühl die Macht! Gib auf dich Acht!

Denn Freiheit ist nicht gleich Übermut.

Übermut heißt ...

... nicht verwurzelt sein,

... mit dem Ego fliegen,

... vergleichen,

... es besser wissen,

... Ohren anlegen und ab durch die Mitte
ohne Rücksicht auf Verluste,

... sich auf einen Sockel stellen,

... Macht ausüben, die nicht gebraucht wird,

... außen groß wirken wollen, aber innen verkümmern,

... nicht ehrlich zu sich selbst sein,

... Achtung anderen gegenüber verlieren,

... rücksichtslos sein,

... nicht ehrfürchtig sein,

... das Leben nicht schätzen und
alles für selbstverständlich halten,

... Angst haben vor Misserfolg,

... kurzfristig vermeintlich glücklich sein,

... Anerkennung von außen
für bedingungslose Liebe halten,

... fest halten,

... Höhenflug,

... Angst vorm Sturzflug,

... ohne Fundament
einen Wolkenkratzer errichten (wollen),

... Dinge im Außen für wahr halten,
die im Inneren nicht richtig erscheinen,

... die innere Stimme überhören,
damit das Ego befriedigt wird,

... anderen das Gefühl geben,
weniger wert zu sein.

Was ist dann Freiheit für dich?

Für heute ist es genug. Viel Spaß beim Träumen.

*Euer verträumter, eleganter, charmanter *zwinker**
Freund und Begleiter

Du Blume, du!

Hallihallo!
Wie geht's euch so? Heute darf ich wieder mal zu euch sprechen. Josefin ist bereit für neuen Input. Sie lauscht. Danke dafür.

Ich bin hier, damit ihr mich hört. Damit ihr bekommt, was ihr euch wünscht. Damit ihr verstehen lernt, worum es im Leben wirklich geht. Damit ihr euch nicht von Dingen ablenken lasst, die ohnehin nicht relevant sind für euer weiteres Fortbestehen und euer Glück. Ich bin eure Stimme, damit ihr wisst, dass jemand für euch sorgt.

Ich führe euch. Macht die Augen zu und genießt.

Es wird wunderbar, atemberaubend, einzigartig, besonders. Es wird ein Fest. Ein Fest des Lebens. Ein Fest der Freude. Ein Fest, das in sich einzigartig ist. Nicht perfekt, aber besonders.
Lasst uns beginnen, einen neuen Weg einzuschlagen, einen Weg der leichter wird, vielfältiger, farbenfroher, lustiger, lockerer.

Lasst uns beginnen, umzudenken. Mehr zu fühlen. Mehr zu spüren, was wirklich in uns vorgeht, was wir uns selbst zu sagen haben. Welche Potenziale wir in uns tragen. Welche Möglichkeiten da in der Luft hängen.
Lasst uns beginnen, aufzuhorchen, was unsere Umgebung für Wahrheiten lebt, im Unterschied zu unseren. Lasst uns vor allem erkennen, dass wir nie die Wahrheit eines anderen Menschen leben können.

Wir können nur unsere eigene Wahrheit leben.

Unsere Essenz sein. Dann fließt das Leben, dann wird fliegen leicht und möglich. Dann erkennen wir erst, wer wir sind und sein können. Wer wir werden können. Was auch immer das heißen mag. Was auch immer das für Konsequenzen hat. Was auch immer das mit sich bringt. Dann werden wir spüren, dass unser Herz aufblüht, unser Bauch sich entspannt, unser Kopf sich zurücklehnt und unsere Zellen schmunzeln. Dann wird das Leben schöner sein. Und das Tolle daran ist, wir können unser „Dann" ins „Jetzt" rücken. Wir müssen nicht warten, bis die äußeren Umstände so weit sind. Wir können, dürfen, wollen JETZT ein schönes, erfülltes Leben leben – mit all seinen Facetten. Das vergessen wir oft.
Lassen wir uns vom Wind dorthin wehen, wo wir am glücklichsten sind. Wo wir als Samen auf fruchtbaren Boden mit viel Licht, Liebe und Wasser wachsen und gedeihen können. Wo wir aufblühen können und unsere volle Blütenpracht leben dürfen, weil du und nur du diese eine Blütenpracht sein kannst.

Niemand anderer reiht seine Blütenblätter wie du.

Niemand anderer duftet wie du, präsentiert sich wie du. Spannend, nicht?

Ein Schluck Wasser und schon schreibt es sich wieder flüssiger, Jo, stimmt's? *zwinker* Lass dich treiben, schalt' deinen Kopf ab und genieß' den Augenblick. In deinem Leben geht es nur um dich. Um deine Gedanken, um deine Gefühle, um deine Mauern, die du durchbrechen darfst und deine Sorgen und Ängste, die du loslassen darfst bis zur vollkommenen Entspannung, zum Frieden in dir. – Dann werden alle Zellen schmunzeln und wissen, dass alles voll Liebe ist. *schmunzel* Jeden Tag geht's ein Stückchen in diese Richtung.

Ein Stückchen in Richtung …

Wohlgefühl, Liebe, Glück,
Entspannung, Freiheit im Kopf, Loslassen,
Eigenverantwortung aber ohne
verkrampfter Kontrolle,
Selbstsicherheit, Selbstreflexion
mit einem Häufchen Spaß,
Selbstakzeptanz und Toleranz, Selbstausdruck.

Was auch immer diese Worte bei dir auslösen, sie sind wichtig für dich und deine Zellen. Wichtiger als du denkst. Achte auf dich selbst. Nimm dich selbst wichtiger. Sei stolz auf dich. Hab' dich lieb. Steh zu deinen Fehlern und vor allem, verzeihe dir. Mache dir bewusst, dass dein Verhalten nur menschlich ist. Dass du am Weg viele kleine Lernprozesse erfahren wirst und dass das vollkommen in Ordnung ist, so wie es ist.

Behalte persönliche Dinge für dich. Wisse, dass sie zu deiner Wahrheit gehören, aber biete Fremden auch nicht zu viel Angriffsfläche. Vertraue, aber verspiele deine Verletzlichkeit nicht, denn dies bringt nur Misstrauen mit sich.

Was auch immer geschieht, es passiert zu einem bestimmten Zweck, den wir nicht zu wissen brauchen.

Denn der göttliche Plan ist nicht zum Verstehen gedacht. Da gibt es zu viele Zusammenhänge. Zwischenmenschlich, zeitlich, örtlich, energetisch, wunschtechnisch, krafttechnisch etc. Zu ausführlich und irrelevant für Menschen, die hier auf der Erde sind, um glücklich zu sein. Glück bedeutet für jeden etwas anderes und wird selten hinterfragt. Was auch immer deine Definition von Glück ist, lebe und genieße sie.

Es gibt nur den jetzigen Moment, also lerne im Jetzt glücklich zu sein.

Dankbarkeit,
Liebe,
Friede,
Gefühl,
Feinheit,
Weisheit,
Ruhe,
Humor,
das sind Dinge, die dich Glück im Jetzt
erfahren lassen.

Uns wird erzählt, dass wir diese Werte im Außen finden werden bzw. uns erarbeiten müssen, aber in Wahrheit ist das alles in uns. Wir dürfen uns an der Minibar in unserem Inneren stets bedienen und uns holen beziehungsweise nehmen, was uns im Moment wichtig erscheint.

Allein das Gefühl zu wissen, dass alles in uns steckt, was wir brauchen, um glücklich zu sein, entspannt ungemein, nicht wahr? Es befreit, schafft Klarheit, Ruhe und in gewisser Weise auch Macht. Es schafft Macht, weil wir das Gefühl bekommen, handlungsfähig, unabhängig und frei zu sein und das macht dann noch glücklicher.

Was braucht es dann noch?

Alles im Außen ist nur der Spiegel,
wie es im Inneren ist.

Wie verdreckt oder sauber,
wie chaotisch oder ordentlich,

wie weit oder eng,
wie streng oder locker,

wie lustig oder grantig,
wie offen oder verschlossen,

wie groß oder klein,
wie dick oder dünn,

wie menschlich oder unmenschlich,
wie liebevoll oder kalt,

wie leidenschaftlich oder verkrampft,
wie gefangen oder frei,

wie friedlich oder kampflustig,
wie ehrlich oder falsch,

wie egoistisch oder hilfsbereit,
wie freundlich oder unfreundlich,

wie hilfsbereit oder ignorant,
wie fröhlich oder griesgrämig

jemand ist.

Wobei dazu erwähnt werden sollte, dass auch diese Gegenüberstellungen jeweils immer wertfrei zu betrachten sind und alle möglichen Schattierungen zwischen den Begriffen die Regel sind. Was die Sache natürlich bunter, lebendiger, menschlicher gestaltet.

Lasset uns fortfahren mit unserer Ausführung zum Thema Glück und glücklich sein. Es ist ein schönes Thema. Doch wenn man bedenkt, wie wenige von sich selbst behaupten, dass sie glücklich sind, ist es auch wieder umso bedeutender, sich damit auseinanderzusetzen.
Ich glaube, Menschen haben viele Möglichkeiten, sich selbst, aber auch sich gegenseitig, ein Stück weit glücklicher zu machen. Für Viele nicht wirklich greifbar, aber es gibt so etwas wie ein kollektives Bewusstsein. Das bedeutet, wenn ganz viele Menschen glücklich sind, werden es immer mehr, weil Gefühle und Gedanken ansteckend wirken können. Das geht dann natürlich in alle Richtungen.
Jedes Gefühl, jeder Gedanke ist Energie und in der Atmosphäre gespeichert, bis er wieder verabschiedet wird. Seine Gedanken und Gefühle also kennenzulernen und sinnvoll zu nutzen, kann das eine oder andere „Wunder“ erwirken. Es ist wie eine Auslese, ein Filtern und mit der

Zeit werden alle unbewussten Gedanken und Gefühle bewusst aussortiert und die, die nützlich sind, verstärkt bzw. neue Denk- und Fühlmuster integriert.
Das Schöne daran ist, jederzeit und überall kann das Spiel vollzogen werden. Das ist Veränderung. Wahre Veränderung und Transformation, die nachhaltig dein Leben beeinflusst und erst zu einem späteren Zeitpunkt ihre volle Kraft zeigen wird. Dann wirst du verstehen, warum jetzt Herausforderungen existieren und Mauern auftauchen.

Nimm es mit Gelassenheit und Spaß und vertraue auf Gottes Führung.

Sei mutig, ehrlich und liebevoll mit dir selbst. Lass dir Zeit, tobe dich aus und schenke den Menschen um dich Liebe, Vertrauen und Anerkennung. Sie brauchen es wie du. Lerne auch selbiges von anderen anzunehmen. Nur so kann der Energieaustausch vollzogen werden und somit wird immer mehr und mehr Wert für die Menschheit geschaffen.
Dies sind mächtige Worte. Dies sind Worte, die für Menschen geschrieben worden sind, die dankbar dafür sind und etwas damit anfangen können. Dies sind Worte, die mit Bedacht verwendet werden dürfen, weil nicht jeder wird verstehen, fühlen können, was gemeint ist.
Doch das kollektive Bewusstsein ist allgegenwärtig. Wenn einer anfängt, wirkt das ansteckend. Wir sind alle miteinander verbunden, eigentlich kommunizieren wir längst übers Spüren miteinander.
Dies ist eine Botschaft, die Frieden, Wohlstand, Glück, Liebe, Freundschaft und alles Schöne auf die Erde bringen

soll. Damit alles, was diese Werte behindert, weichen kann. Es kommt eine Zeit mit mehr Licht, mehr Liebe als je zuvor. Lasst uns das feiern.

Gute Nacht ♡

Danke für dieses Geschenk

Lieber Gott!
Lieber treuer, charmanter Begleiter und Freund!

Danke.
Für deine Worte.
Für deine Weisheit.
Für deinen Humor.
Für deine Liebe.
Danke für unsere Verbindung.

Auf ewig,
deine Jo.

Mein Weg

Ein Weg, den man täglich geht und der sich im Moment anfühlt, als würde es für immer so sein.

Wie beschreibt man Jahre, die wie im Flug vergangen sind? Die sich manchmal unendlich und schwer angefühlt haben. Manchmal still waren.
Und manchmal leicht vor sich hin geblubbert sind?
Wie beschreibt man einen Weg, der unglaublich holprig war und sehr lehrreich in der Rückschau ist?

Meine Kindheit war schön. Nach meinem Schulabschluss waren da viele Erwartungen ans Leben und an mich. Es sollte alles anders kommen.
Schmerzen im ganzen Körper und zwei psychische Krisen. In den letzten 5 Jahren.
Wenn funktionieren nicht mehr möglich ist, dann gibt's vermeintlichen Stillstand. Dies schafft Raum für

Reflexion, Entwicklung und Erkenntnis.

Ich wünsche niemandem solche Erfahrungen und doch hat es mich bewusster werden und reifen lassen.

Irgendwann zwischendurch klopfte der Meister von da oben an – Gott höchstpersönlich *zwinker* – und meinte, ich wäre jetzt soweit. Den Rest habt ihr ja bereits gelesen. Schön, dass dich seine Worte nun erreicht haben. Schön, dass deine Zeit und Aufmerksamkeit sie mit Leben und Liebe erfüllen.

Danke an DICH

Liebes Du!

Lass dich tragen von den Worten, die in dir nachhallen. Sei dir sicher – Samen wurden gesät. Ein paar der Samen werden fruchtbaren Boden, Wasser und Sonne vorfinden und so in dir zu einem stattlichen Pflänzchen heranwachsen.
Es kann sein, dass dieses Buch NICHT von heute auf morgen dein Leben verändert. Doch oft reicht schon ein Satz, der im richtigen Moment vom richtigen Menschen aufgeschnappt wird und es entstehen daraus irgendwann oder auch jetzt sofort Früchte der Erkenntnis, der tiefen Liebe, der Weichheit, der Bewusstseinserweiterung – der Heilung.

Ich wünsche dir viele solche Momente!

Danke für dein Sein!

Deine Josefin

Darf ich dir noch etwas auf deine Reise mitgeben? – Wer weiß, ob wir uns je wieder so begegnen wie gerade jetzt.

Lebe jeden Tag voller, echter, ehrlicher, liebevoller, verwundbarer als zuvor.
Denn jeder Moment ist kostbar. Wir vergessen viel zu oft, welches Wunder wir selbst sind und welche Wunder wir vollbringen können, wenn wir unserem Herzen folgen.
Dieser Herzensweg ist vielleicht nicht immer der bequemste Weg, aber dafür der Weg mit DEINER Handschrift.
DEINEN Weg kann niemand für dich gehen und du kannst auch nicht den Weg von jemand anderen gehen.
So ist es und es ist auch gut so. Wenn jeder auf Erden seinem Herzen folgen würde, Verantwortung für seinen Weg, sein Leben übernehmen würde, dann wäre die Erde ein glücklicherer, friedvollerer Ort.
Die gute Nachricht? Du kannst jetzt genau diese Richtung, nämlich DEINE Richtung einschlagen und somit die Erde zu einem lichteren Ort machen.

Auf geht's!

Du bist das Wunder!

ENDE
Damit was NEUES entstehen kann...

Deine Impulssätze

Die Impulssätze sind mir während des Lesens quasi entgegengehüpft. Du kannst dir so die Sätze einzeln durchlesen oder zur Textstelle des Buches blättern, wo sie ihren Ursprung haben.

Es liegt in eurer Hand, ob ihr zum Herzen rudert
oder weg vom Herzen.
17

Vertraut auf die Stimme in euch.
Sie leuchtet euch den Weg!
18

Es geht nicht um Wissen,
sondern um innere Weisheit.
18

Geduld.
19

Festgehalten kann nichts werden, einmal gelebt,
schon ist der Moment verpufft – doch was bleibt,
ist Erinnerung und Energie.
20

Es ist einfacher, euch vom Leben leiten zu lassen, als
verkrampft dagegen zu steuern. Es ist freier, ehrlicher
und liebevoller, im Vertrauen zu leben.
21

Das Leben ist zu kurz, um zu kämpfen.
Wofür oder wogegen denn?
21

Die Angst wird dir sowieso im Nacken sitzen.
31

Stell Fragen und du wirst Antworten bekommen.
32

Du musst nicht immer stark sein,
du kannst auch mal schwach sein.
33

Vergiss nicht, auch du gehst diesen Weg nur einmal.
34

Kurz vor dem Gefühl des Vertrauens kommt meist ein Gefühl des Zweifelns und der Angst – wichtig ist, dies zu erkennen, zu akzeptieren und trotzdem ins Vertrauen zu gehen.
35

Wir sind alle so viel mehr, als wir glauben.
36

Wichtig ist, zu erkennen, dass überhaupt jedes Lebewesen seine eigene Wahrheit hat und dies gilt es zu akzeptieren.
38

Also, Kontrolle abgeben heißt die Mauer des Anderen wahrnehmen, sie respektieren, annehmen und lieben lernen.
41

Hast du dich schon jemals
bei deinem Herzen bedankt?
43